Hugo von Hofmannsthal

Andreas

oder die Vereinigten

Hugo von Hofmannsthal: Andreas oder die Vereinigten

Fragmente. Entstanden 1907–1927. Teildruck in: Corona (München, Zürich), 1. Jg., 1. Heft. Erste Buchausgabe Berlin (S. Fischer) 1932.

Neuausgabe mit einer Biographie des Autors
Herausgegeben von Karl-Maria Guth
Berlin 2017

Der Text dieser Ausgabe folgt:
Hugo von Hofmannsthal: Gesammelte Werke in zehn Einzelbänden. Erzählungen, Erfundene Gespräche und Briefe, Reisen. Herausgegeben von Bernd Schoeller in Beratung mit Rudolf Hirsch, Frankfurt a.M.: S. Fischer, 1979.

Die Paginierung obiger Ausgabe wird hier als Marginalie zeilengenau mitgeführt.

Umschlaggestaltung von Thomas Schultz-Overhage unter Verwendung des Bildes: Claude Monet, Der Palazzo Contarini, 1908

Gesetzt aus der Minion Pro, 11 pt

Die Sammlung Hofenberg erscheint im
Verlag der Contumax GmbH & Co. KG, Berlin
Herstellung: BoD – Books on Demand, Norderstedt

Die Ausgaben der Sammlung Hofenberg basieren auf zuverlässigen Textgrundlagen. Die Seitenkonkordanz zu anerkannten Studienausgaben machen Hofenbergtexte auch in wissenschaftlichem Zusammenhang zitierfähig.

ISBN 978-3-7437-1248-5

Bibliografische Information der Deutschen Nationalbibliothek

Die Deutsche Nationalbibliothek verzeichnet diese Publikation in der Deutschen Nationalbibliografie; detaillierte bibliografische Daten sind im Internet über www.dnb.de abrufbar.

Die wunderbare Freundin

Es hat in unsrer Mitte Zauberer
Und Zauberinnen, aber niemand weiß sie.

Ariost

»Das geht gut«, dachte der junge Herr Andreas von Ferschengelder, als der Barkenführer ihm am 7. September 1778 seinen Koffer auf die Steintreppe gestellt hatte und wieder abstieß, »das wird gut, läßt mich der stehen, mir nichts dir nichts, einen Wagen gibts nicht in Venedig, das weiß ich, ein Träger, wie käme da einer her, es ist ein öder Winkel, wo sich die Füchse gute Nacht sagen. Als ließe man einen um sechs Uhr früh auf der Rossauerlände oder unter den Weißgärbern aus der Fahrpost aussteigen, der sich in Wien nicht auskennt. Ich kann die Sprache, was ist das weiter, deswegen machen sie doch aus mir was sie wollen! Wie redt man denn wildfremde Leute an, die in ihren Häusern schlafen – klopf ich an, und sag: Herr Nachbar?« Er wußte, er würde es nicht tun, – indem kamen Schritte näher, scharf und deutlich in der Morgenstille auf dem steinernen Erdboden; es dauerte lange, bis sie näher kamen, da trat aus einem Gäßchen ein Maskierter hervor, wickelte sich fester in seinen Mantel, nahm ihn mit beiden Händen zusammen und wollte quer über den Platz gehen. Andreas tat einen Schritt vor und grüßte, die Maske lüftete den Hut und zugleich die Halblarve, die innen am Hut befestigt war. Es war ein Mann, der vertrauenswürdig aussah, und nach seinen Bewegungen und Manieren gehörte er zu den besten Ständen. Andreas wollte sich beeilen, es dünkte ihn unartig, einen Herrn, der nach Hause ging, zu dieser Stunde lang aufzuhalten, er sagte schnell, daß er ein Fremder sei, eben vom festen Land herübergekommen, aus Wien über Villach und Görz. Sogleich erschien ihm überflüssig, daß er dies erwähnt hatte, er wurde verlegen und verwirrte sich im Italienischreden.

Der Fremde trat mit einer sehr verbindlichen Bewegung näher und sagte, daß er ganz zu seinen Diensten sei. Von dieser Gebärde war vorne der Mantel aufgegangen, und Andreas sah, daß der höfliche Herr unter dem Mantel im bloßen Hemde war, darunter nur Schuhe ohne Schnallen und herabhängende Kniestrümpfe, die die halbe Wade bloß ließen. Schnell bat er den Herrn, doch ja bei der kalten Morgenluft

sich nicht aufzuhalten und seinen Weg nach Hause fortzusetzen, er
werde schon jemanden finden, der ihn nach einem Logierhaus weise
oder zu einem Wohnungsvermieter. Der Maskierte schlug den Mantel
fester um die Hüften und versicherte, er habe durchaus keine Eile.
Andreas war tödlich verlegen im Gedanken, daß der andere nun wisse,
er habe sein besonderes Negligé gesehen; durch die alberne Bemerkung
von der kalten Morgenluft und vor Verlegenheit wurde ihm ganz heiß,
so daß er unwillkürlich auch seinerseits den Reisemantel vorne ausein-
anderschlug, indessen der Venezianer aufs höflichste vorbrachte, daß
es ihn besonders freue, einem Untertan der Kaiserin und Königin
Maria Theresia einen Dienst zu erweisen, um so mehr, als er schon
mit mehreren Österreichern sehr befreundet gewesen sei, so mit dem
Baron Reischach, Obersten der kaiserlichen Panduren, und mit dem
Grafen Esterhazy. Diese wohlbekannten Namen, von dem Fremden
hier so vertraulich ausgesprochen, flößten Andreas großes Zutrauen
ein. Freilich kannte er selber so große Herren nur vom Namenhören
und höchstens vom Sehen, denn er gehörte zum Klein- oder Bagatella-
del.

Als der Maskierte versicherte, er habe, was der fremde Kavalier
brauche, und das ganz in der Nähe, so war es Andreas ganz unmöglich,
etwas Ablehnendes vorzubringen. Auf die beiläufig schon im Gehen
gestellte Frage, in welchem Teil der Stadt sie hier seien, erhielt er die
Antwort, zu Sankt Samuel. Und die Familie, zu der er geführt werde,
sei eine gräflich patrizische und habe zufällig das Zimmer der ältesten
Tochter zu vergeben, die seit einiger Zeit außer Hause wohne. Indem
waren sie auch schon in einer sehr engen Gasse vor einem sehr hohen
Hause angelangt, das wohl ein vornehmes, aber recht verfallenes Ansehen hatte und dessen Fenster anstatt mit Glasscheiben alle mit Brettern
verschlagen waren. Der Maskierte klopfte ans Tor und rief mehrere
Namen, hoch oben sah eine Alte herunter, fragte nach dem Begehren,
und die beiden parlamentierten sehr schnell. Der Graf selbst wäre
schon ausgegangen, sagte der Maskierte zu Andreas, er gehe immer
so früh aus, um das Nötige für die Küche zu besorgen. Aber die Gräfin
sei zu Hause; so werde man wegen des Zimmers unterhandeln und
auch gleich Leute nach dem zurückgelassenen Gepäck schicken können.

Der Riegel am Tor öffnete sich, sie kamen in einen engen Hof, der
voll Wäsche hing, und stiegen eine offene und steile Steintreppe empor,
deren Stufen ausgetreten waren wie Schüsseln. Das Haus gefiel Andreas

nicht, und daß der Herr Graf so früh ausgegangen war, um das Nötige für die Küche zu besorgen, verwunderte ihn, aber daß es der Freund der Herren von Reischach und Esterhazy war, der ihn einführte, machte einen hellen Schein über alles und ließ keine Traurigkeit aufkommen.

Oben stieß die Treppe an ein ziemlich großes Zimmer, in dem an einem Ende der Herd stand, an dem anderen ein Alkoven abgeteilt war. An dem einzigen Fenster saß ein junges halberwachsenes Mädel auf einem niedrigen Stuhl, und eine nicht mehr junge, aber noch ganz hübsche Frau war bemüht, aus dem schönen Haar des Kindes einen höchst künstlichen Chignon aufzutürmen. Als Andreas und sein Führer das Zimmer betraten und die Hüte abnahmen, stob das Kind laut aufschreiend davon ins Nebenzimmer und ließ Andreas ein mageres Gesicht mit dunklen reizend gezeichneten Augenbrauen gewahren, indessen der Maskierte sich an die Frau Gräfin wandte, die er als Cousine anredete, und ihr seinen jungen Freund und Schützling vorstellte.

Es gab ein kurzes Gespräch, die Dame nannte einen Preis für das Zimmer, den Andreas ohne weiteres zugestand. Er hätte um alles gern gewußt, ob es ein Zimmer nach der Gasse hin sei, oder ein Hofzimmer, denn in einem solchen seine Zeit in Venedig zu verbringen hätte ihm traurig geschienen, auch ob er hier in der inneren Stadt sei oder in der Vorstadt. Aber er fand nicht den Augenblick für seine Frage, denn das Gespräch zwischen den beiden anderen ging immer weiter, und das verschwundene junge Geschöpf wippte mit der Tür und rief energisch von innen heraus, da müßte sofort der Zorzi aus dem Bett herausgebracht werden, denn er liege oben und habe seinen Magenkrampf. Darauf hieß es, die Herren sollten nur hinaufgehen; den unnützen Menschen aus dem Zimmer zu entfernen, das würden schon die Buben besorgen. Er werde auf der Stelle ausziehen und das Gepäck des Ankömmlings dafür hinaufgeschafft werden. Sie bat entschuldigt zu sein, wenn sie den Herrn nicht selbst hinaufbegleite, sondern dies dem Cousin überlasse, denn sie habe alle Hände voll zu tun, weil sie die Zustina zurichten müsse, um mit ihr die Besuche wegen der Lotterie zu machen. Es müßten heute sämtliche Protektoren der Liste nach im Laufe des Vor- und Nachmittags besucht werden.

Andreas hätte nun wieder gerne gewußt, was es mit diesen Protektoren und der Lotterie auf sich habe, doch da sein Mentor die Sache mit lebhaftem und beifälligem Nicken als bekannt hinzunehmen schien, fand er keine schickliche Gelegenheit zu einer Frage, und man stieg hinter den zwei halbwüchsigen Jungen, die Zwillinge sein mußten, die steile Holztreppe hinauf nach Fräulein Ninas Zimmer.

Vor der Tür machten die Knaben halt, und als ein mattes Stöhnen herausdrang, sahen sie einander mit den flinken Eichhörnchenaugen an und schienen sehr befriedigt. Auf dem Bett, dessen Vorhänge zurückgeschlagen waren, lag ein bleicher junger Mensch. Ein Holztisch an der Wand und ein Stuhl waren mit schmutzigen Pinseln und Farbtöpfchen besetzt, eine Palette hing an der Wand. Gegenüber hing ein klarer sehr hübscher Spiegel, sonst war der Raum leer, aber licht und freundlich. »Ist dir besser?« sagten die Knaben. – »Besser«, stöhnte der Liegende. – »So kann man den Stein wegheben?« – »Ja, ihr könnt ihn wegheben.« – »Wenn einer Magenkrampf hat, muß man ihm den Stein auf den Magen heben, dann wird er gesund«, meldete der eine der beiden Knaben, indes der zunächst Dabeistehende den Stein, den abzuheben kaum ihre angespannten vereinten Kräfte hinreichten, von dem Kranken wälzte.

Andreas war es greulich, daß man einen leidenden Menschen so um seinetwillen aus dem Bette warf. Er trat ans Fenster und schlug den halbangelehnten Laden vollends zurück: unten war Wasser, und kleine besonnte Wellen schlugen an die breiten Stufen eines recht großen Gebäudes gerade gegenüber, und an einer Mauer tanzte ein Netz von Lichtkringeln. Er beugte sich hinaus, da war noch ein Haus, dann noch eins, dann mündete die Gasse in eine große breite Wasserstraße, auf der die volle Sonne lag. An dem Eckhaus sprang ein Balkon vor, mit einem Oleanderbaum darauf, dessen Zweige der Wind bewegte, auf der anderen Seite hingen Tücher und Teppiche aus luftigen Fenstern. Über dem großen Wasser drüben stand ein Palast mit schönen Steinfiguren in Nischen.

Er trat ins Zimmer zurück, da war der im Domino verschwunden, der junge Mensch stand auf und beaufsichtigte die Buben, die von dem einzigen Tisch und Stuhl des Zimmers eifrig Farbentöpfchen und Bündel schmutziger Pinsel wegräumten. Er war blaß und ein wenig verwahrlost, aber wohlgestaltet; in seinem Gesicht nichts Häßliches als eine schiefe Unterlippe nach einer Seite herabgezogen, das gab ihm einen hämischen Ausdruck. – »Haben Sie bemerkt«, wandte er sich an Andreas, »daß er unter dem Domino nichts anhat als sein Hemd?

Auch die Schnallen an den Schuhen weggeschnitten. So geht es ihm alle Monat einmal. Nun, Sie verstehen wohl, was wirds sein? Er ist ein verzweifelter Spieler. Was sonst? Sie hätten ihn gestern sehen sollen. Er hatte einen gestickten Rock, eine Weste mit Blumen, zwei Uhren mit Berloquen daran, eine Dose, Ringe an jedem Finger, hübsche silberne Schuhschnallen. So ein Kujon!« Und er lachte, aber sein Lachen war nicht hübsch. – »Sie werden ein bequemes Zimmer haben. Wenn Sie sonst noch etwas brauchen, ich bin stets zu Ihrer Verfügung. Ich kann Ihnen ein Kaffeehaus zeigen, hier nahebei, wo man Sie anständig bedienen wird, wenn ich Sie einführe. Sie können dort Ihre Briefe schreiben, Ihre Bekannten hinbestellen und alles abmachen, außer dem, was man lieber hinter geschlossenen Türen abmacht.« – Hier lachte er wieder, und die beiden Buben fanden den Witz vortrefflich und lachten laut, dabei strengten sie alle Kräfte an, um den schweren Stein aus dem Zimmer zu schleppen; ihre Gesichter sahen der Schwester unten ähnlich.

»Wenn Sie eine Kommission haben, die einen vertrauenswürdigen Menschen erfordert«, fuhr der Maler fort, »so wird es mir eine Ehre sein, wenn Sie mir sie übergeben. Wenn ich nicht zur Hand bin, so nehmen Sie nur einen Furlaner, das sind die einzig verläßlichen Dienstmänner. Sie finden ihrer am Rialto und an jedem größeren Platz und werden sie an der bäurischen Tracht erkennen. Es sind zuverlässige Leute und verschwiegen, merken sich Namen und erkennen auch eine Maske, an ihrem Gang und an den Schuhschnallen. Wenn Sie von da drüben etwas brauchen, so sagen Sie es mir, ich bin Maler des Hauses und habe freien Zutritt zu allen Räumen.«

Andreas verstand, daß er von dem grauen Gebäude gegenüber sprach, das ihm zu groß für ein Bürgerhaus, zu dürftig für einen Palast erschienen war und vor dessen Tor breite Steinstufen ins Wasser führten. »Ich spreche vom Theater zu Sankt Samuel, dem Haus hier gegenüber. Ich dachte, Sie wüßten das längst. Wir sind alle da drüben beschäftigt. Ich, wie gesagt, bin Dekorationsmaler und Feuerwerker, Ihre Hausfrau ist Logenschließerin, der Alte ist Lichtputzer.« – »Welcher?« – »Der Graf Prampero, bei dem Sie wohnen, wer sonst? Zuerst war die Tochter Schauspielerin, die hat sie alle hineingebracht – nicht diese, die Sie gesehen haben – die Ältere, Nina. Diese ist der Mühe wert, und ich werde Sie heute nachmittag zu ihr führen. Die Kleine tritt im nächsten Karneval auf. Die Buben machen dringende Wege. – Jetzt will ich mich aber nach Ihrem Gepäck umsehen.«

Andreas blieb allein, schlug die Fensterläden zurück und hakte sie ein. Von dem einen war der Haken zerbrochen, er nahm sich vor, ihn sogleich richten zu lassen. Dann räumte er was noch von Farbtöpfen und Büchsen herumstand vor die Tür und reinigte mit einem Lappen Leinwand, der unter dem Bett lag, seinen Tisch von den Farbenflecken, bis die polierte Fläche sauber glänzte; dann trug er den bunten Lappen hinaus, suchte ein Eck, ihn zu verstecken, und fand dort einen Reisbesen, mit dem er sein Zimmer kehrte. Als dies geschehen war, rückte er den hübschen kleinen Spiegel lotrecht, streifte die Bettvorhänge zurück und setzte sich auf den einzigen Stuhl am Fußende des Bettes, das Gesicht dem Fenster zugewandt. Die freundlich bewegte Luft kam herein, berührte sein junges Gesicht mit leisem Geruch von Algen und Meeresfrische.

Er dachte an seine Eltern und den Brief, den er im Kaffeehaus an sie schreiben müßte. Er nahm sich vor, beiläufig zu schreiben: »Verehrungswürdigste, gnädige Eltern, – ich melde, daß ich in Venedig glücklich eingetroffen. Ich bewohne ein freundliches, sehr reines und luftiges Zimmer bei einer adeligen Familie, die es zufällig zu vergeben hat. Das Zimmer geht auf die Gasse, aber anstatt des Erdbodens ist unten Wasser, und die Leute fahren in Gondeln oder das arme Volk in großen Trabakeln, ähnlich wie Donauzillen; die sind statt der Lastträger. Daher werde ichs auch sehr ruhig haben. Peitschenknall oder Geschrei hört man nicht.« Er dachte noch zu erwähnen, daß es hier Dienstmänner gäbe, die so findig seien, daß sie im Stand wären, eine Maske am Gang und an den Schuhschnallen wiederzuerkennen. Das würde seinem Vater Vergnügen machen zu erfahren, denn er war sehr darauf aus, das Besondere und Kuriose fremder Länder und Gebräuche zu sammeln. Zweifelhaft war ihm, ob er berichten solle, daß er ganz nahe einem Theater wohne. Das war in Wien immer sein sehnsüchtiger Wunsch gewesen. Vor vielen Jahren, als er zehn oder zwölf Jahre alt war, hatte er zwei Freunde, die im Blauen Freihaus auf der Wieden wohnten, auf der gleichen Treppe im vierten Hof, wo in einer Scheune das »beständige Theater« errichtet war. Er erinnerte sich des Wunderbaren, bei denen gegen Abend zu Besuch zu sein, Dekorationen heraustragen zu sehen: eine Leinwand mit einem Zaubergarten, ein Stück von einer Dorfschenke drinnen, der Lichtputzer, das Summen der

Menge, die Mandorlettiverkäufer. Stärker als alles das Durcheinander-spielen aller Instrumente beim Stimmen, das ging ihm durchs Herz noch heute, wie er sich erinnerte. Der Bühnenboden war uneben: der Vorhang an einigen Stellen zu kurz, Ritterstiefel kamen und gingen. Zwischen dem Hals einer Baßgeige und dem Kopf eines Musikanten sah man einmal einen himmelblauen Schuh mit Flitter bestickt. Der himmelblaue Schuh war wunderbarer als alles. – Später stand ein Wesen da, das diesen Schuh anhatte, er gehörte zu ihr, war eins mit ihrem blau und silbernen Gewand: sie war eine Prinzessin, Gefahren umgaben sie, ein Zauberwald nahm sie auf, Stimmen tönten aus den Zweigen, aus Früchten, die von Affen hergerollt wurden, sprangen holdselige Kinder, leuchteten. Die Prinzessin sang, Hanswurst war ihr nahe und doch meilenfern, alles das war schön, aber es war nicht das zweischneidige Schwert, das durch die Seele drang, von zartester Wollust und unsäglicher Sehnsucht bis zu Weinen, Bangen und Be-glückung, wenn der blaue Schuh allein unter dem Vorhang da war.

Er beschloß bei sich, daß er die Nähe des Theaters nicht erwähnen würde, auch nicht den sonderbaren Aufzug des Herren, der ihn einge-führt hatte. Er hätte sagen müssen, daß er ein Spieler war, der alles bis aufs Hemd verspielt hatte, oder diesen Umstand auf künstliche Weise verschweigen. So konnte er freilich nicht von Esterhazy erzählen, das hätte die Mutter gefreut. Den Mietpreis wollte er gern erwähnen, zwei Zechinen monatlich, das war auch nach seinem Gelde nicht viel. – Aber was nützte das, wenn er doch durch eine einzige Torheit in einer einzigen Nacht mehr als die Hälfte seines Reisegeldes eingebüßt hatte. Dies würde er den Eltern nie eingestehen dürfen, wozu also prahlen, daß er sparsam wohne. Er schämte sich vor sich selber und wollte einmal an die drei unheilvollen Tage in Kärnten nicht denken, aber da stand schon das Gesicht des schurkischen Bedienten vor ihm, und ob er wollte oder nicht, mußte er sich an alles erinnern, haarklein und von Anfang an: so kam es über ihn, jeden Tag einmal, früh oder abends.

Er war wieder in der Herberge »Zum Schwert« in Villach nach einem scharfen Reisetag und wollte zu Bett gehen. Da, schon auf der Treppe, präsentierte sich ihm ein Mensch als Bedienter oder Leibjäger. Er: er brauche keinen, reise allein, besorge sich tagsüber sein Pferd selber, nachts täte das schon der Hausknecht. Der andere drauf läßt ihn nicht los, steigt Stufe für Stufe mit, immer quer in Frontstellung bis an die Tür, tritt dann in der Tür quer auf die Schwelle, daß sie Andreas nicht zumachen kann: daß es nicht schicklich wäre für einen jungen Herrn von Adel, ohne Bedienten zu reisen, in Italien gäbe das ein miserables Ansehen, da seien sie höllisch proper in diesem Punkt. Und wie er fast lebenslang nichts anderes getan habe als mit jungen Herrn über Land zu reiten, zuletzt mit dem Freiherrn Edmund auf Petzenstein, früher mit dem Domherrn Graf Lodron, die werde der Herr von Ferschengelder doch wohl kennen. Wie er bei diesen als Reisemarschall vorausgereist sei, alles bestellt, alles eingerichtet, daß der Herr Graf vor Staunen nicht habe auskönnen: »niemals zuvor sei er so billig gereist«, und es waren die besten Quartiere. Wie er das Wälsche spräche und das Ladinische und Italienisch natürlich mit aller Geläufigkeit und die Münzen kenne, und die Streiche der Wirte und der Postillons, da käme ihm keiner auf, jeder sage nur: »gegen den Herren, den Ihr da habt, könne man nicht an, der sei wohlbehütet«. Und wie er Roßkaufen verstände, daß er jeden Roßtäuscher übers Ohr hauen könne, auch einen ungarischen, das seien die gefinkeltsten, geschweige denn einen deutschen und wällischen. Und was die persönliche Bedienung beträfe, da sei er Leiblakei und Friseur und Perückenmacher, Kutscher und Jäger und Piqueur, Büchsenspanner, er verstehe die hohe wie die niedrige Jagd, die Korrespondenz, die Registratur, das Vorlesen und Billettschreiben in vier Sprachen und könne dienen als Dolmetscher oder, wie man im Türkischen spräche, als Dragoman. Es sei ein Wunder, daß ein Mensch wie er frei wäre, auch habe der Freiherr von Petzenstein ihn à tout prix wollen seinem Herrn Bruder zuschanzen, aber er habe es sich in den Kopf gesetzt, den Herrn von Ferschengelder zu bedienen. Nicht um des Lohnes willen, der sei ihm Nebensache. Aber das stünde ihm an, einem solchen jungen Herrn, der seine erste Reise machte, behilflich zu sein und sich ihm lieb und wert zu machen. Das Zutrauen sei es, worauf sein Sinn stünde, das wäre der Lohn, den ein Diener wie er im Auge habe. Um herrschaftliches Zutrauen diene er, und nicht um Geld. Deswegen habe er es auch nicht bei den kaiserlichen Reitern aushalten können, denn dort regiere der Stock und die Angeberei und nicht das Zutrauen. – Hier fuhr er sich mit der Zunge über die feuchte dicke Lippe wie eine Katze.

Nun brachte Andreas hervor: er danke ihm schön für den Dienstwillen, aber er wolle hier keinen Diener nehmen. Später vielleicht in Venedig einen Lohnbedienten – und damit wollte er die Tür zumachen –, aber der letzte Satz war schon zuviel, die kleine Vornehmtuerei, denn er hatte nie daran gedacht, in Venedig einen Lakaien zu nehmen, die strafte sich. Da spürte der andere am unsicheren Ton, wer in diesem Handel der Stärkere war, und stemmte seinen Fuß gegen die Tür, und wie das kam, fand dann Andreas nie mehr heraus, daß der Kerl dann schon gleich, als wäre das zwischen ihnen abgemachte Sache, von seiner Berittenmachung sprach: da wäre heute Gelegenheit, die käme nie wieder. Diese Nacht zöge ein Pferdehändler hier durch, den kenne er noch vom Domherrn aus, ausnahmsweise kein Jüdl, der habe ein ungarisches Pferdchen zu verkaufen, das stünde ihm wie angegossen. Wenn er das zwischen die Schenkel bekäme, das täte den Spanischen Tritt binnen heute und einer Woche. Das Bräundl koste, glaube er, neunzig Gulden für jeden andern, aber für ihn siebzig. Das schriebe sich aus den großen Pferdekäufen her, die er für den Domherrn gemacht habe, doch müsse er noch heute vor Mitternacht den Handel gutmachen, der Händler sei ein Frühaufsteher. So möge der gnädige Herr ihm das Geld gleich aus dem Leibgurt geben, oder ob er hinuntergehen sollte und gar den Mantelsack oder den Sattel heraufholen? da wäre sicherlich ein Kapital in Dukaten eingenäht, denn bei sich trüge ein solcher Herr ja nur das Nötigste.

Wie der Mensch von Geld sprach, war sein Gesicht widerlich, unter den frechen, schmutzig blauen Augen zuckten kleine Fältchen im sommersprossigen Fleisch wie kleine Wasserwellen. Er kam Andreas ganz nah, und über die aufgeworfenen nassen dicken Lippen rochs nach Branntwein. Jetzt schob Andreas ihn über die Schwelle hinaus – da fühlte der Kerl, daß der junge Herr stark war, und sagte nichts. Aber Andreas sagte wieder ein Wort zu viel, weil ihm das zu grob war, daß er den Zudringlichen so unsanft angerührt hatte, – er meinte, so etwas Grobes, Handgreifliches würde der Graf Lodron nie getan haben, – und so fügte er noch gewissermaßen zum Abschied bei, er wäre halt heute zu müde, morgen vormittag könnte man ja sehen. Jedenfalls sei vorläufig zwischen ihnen nichts abgemacht.

Morgen mit dem frühesten gedachte er ohne weiteres abzureiten. Damit aber drehte er sich den Strick, denn am andern Morgen, noch ehe es recht hell und Andreas wach war, stand der Kerl schon an der Tür und meldete, er habe bereits für den gnädigen Herrn bare fünf Gulden verdient, dem Roßtäuscher das Prachtpferd um fünfundsechzig

11

abgehandelt, es stünde unten im Hof, und jeder Gulden unter fünfundsechzig, den der Herr von Ferschengelder verlöre, wenn er das Pferd in Venedig losschlüge, der möge ihm von seinem Lohn abgezogen werden.

Andreas sah schlaftrunken vom Fenster aus ein mageres, aber munteres Pferdchen im Hof stehen. Da packte ihn die Eitelkeit an, daß es doch was anderes wäre, mit einem Bedienten hinter sich in die Städte und Gasthöfe einzureiten. An dem Pferd konnte er nichts verlieren, das war ein gesicherter Handel. Der kurzhalsige, sommersprossige Bursch hatte doch nichts weiter als ein handfestes und gewitzigtes Ansehen, und wenn der Freiherr zu Petzenstein und der Graf Lodron ihn in ihrem Dienste gehabt hätten, so könne er schon nicht der erste beste sein. Denn eine unbegrenzte Ehrfurcht vor den Personen des hohen Adels hatte Andreas mit der wienerischen Luft im Elternhaus in der Spiegelgasse eingesogen, und was in dieser höheren Welt vorging, das war wie Amen im Gebet.

So hatte denn Andreas einen Bedienten, der hinter ihm ritt und seinen Mantelsack übergeschnallt hatte, ehe er es recht wußte und wollte. Den ersten Tag ging alles gut, aber trotzdem zog auch der jetzt als trüb und häßlich an Andreas vorüber, und es wäre ihm lieber gewesen, ihn nicht wieder durchzumachen. Aber da fruchtete kein Wollen.

Andreas hatte wollen auf Spittal und dann durchs Tirol hinarbeiten, der Bediente aber ihn beschwätzt, links abzubiegen und im Kärntnerischen zu bleiben. Da seien die Straßen weit besser und die Unterkünfte gar ohne Vergleich, auch mit den Leuten ein ganz anderes Leben als mit den Tiroler Schädeln. Die kärntnerischen Wirtstöchter und Müllerinnen seien apart, die rundesten, festesten Busen von ganz Deutschland seien ihre, das sei sprichwörtlich, und Lieder gingen darauf mehr als eins. Ob denn dies dem Herrn von Ferschengelder nicht bekannt sei?

Andreas schwieg, ihm war heiß und kalt neben dem Menschen da, der nicht gar so viel älter war als er, leicht um fünf Jahre; – wenn der gewußt hätte, daß er noch nie ein Weib hatte ohne ihre Kleider gesehen, geschweige angerührt, so hätte es einen frechen Spott gegeben, eine Rede, wie er sie gar nicht aussinnen konnte, dann aber auch Andreas ihn vom Pferd gerissen, wild auf ihn dreingeschlagen, das fühlte er, und das Blut schlug ihm gegen die Augen.

Sie ritten schweigend durch ein breites Tal, es war ein regnichter Tag, grasige Berglehnen links und rechts, hie und da ein Bauernhof, ein Heustadl, hoch oben Wald, auf dem faul die Wolken lagen. Nach dem Mittagessen war der Gotthelff redselig, ob der junge Herr die Wirtin angeschaut hätte? Jetzt wäre freilich nicht mehr so viel an ihr, aber Anno 69, also vor jetzt neun Jahren, da wäre er sechzehnjährig gewesen, da hätte er die Frau gehabt, jede Nacht, einen Monat lang. Da wäre das wohl der Mühe wert gewesen. Schwarze Haare hätte sie gehabt, bis unter die Kniekehlen. Dabei trieb er sein Pferdchen an und ritt ganz dicht an Andreas, daß der ihn mahnen mußte, er solle acht-haben, nicht aufzureiten, sein Fuchs vertrüge das nicht. Am Schluß habe die einen rechten Denkzettel gekriegt, das sei ihr recht geschehen. Da habe er es mit einer bildsauberen gräflichen Kammerjungfer gehal-ten, und davon habe der Wirtin was geschwant, und sie sei vor Eifer-sucht darüber ganz abgemagert und hohläugig geworden wie ein kranker Hund. Er sei damals nämlich Leibjäger gewesen, beim Grafen Porzia, das sei sein erster Dienst gewesen, und verwundert genug hätte man sich in ganz Kärnten darüber, daß der Graf ihn mit sechzehn Jahren zum Leibjäger machte und zum Vertrauten noch dazu. Aber der Herr Graf habe schon gewußt, was er tue und auf wen er sich verlassen könnte, und da wäre auch Diskretion nötig gewesen, denn der Herr Graf hatte mehr Liebschaften als Zähne im Mund, und mehr als *ein* Ehemann wäre gewesen, der hätte ihm den Tod geschworen, unter den Herrschaften und auch unter den Bauern, den Müllern und Jägern. Damals habe es der Graf mit der pormbergischen jungen Gräfin gehabt, die wäre verliebt gewesen wie eine Füchsin, und gerade so wie sie in den Herrn Grafen, so die Kammerjungfer, eine blonde sloweni-sche, in ihn, den Gotthelff. Da, wenn zu Pormberg beim Ehemann die Treibjagd war, hätte sich die Gräfin heimlich zum Stand des Grafen Porzia geschlichen, ja auf allen vieren wäre sie dorthin gekrochen, und indessen hätte der Graf ihm die Büchse in die Hand gegeben und ihm befohlen, an seiner Statt zu schießen, daß man nichts bemerke. Und da hätte man auch nichts bemerkt, denn er sei ein ebenso guter Schütze gewesen wie der Herr Graf. Da habe er einmal mit Rehposten auf einen starken Bock geschossen, vierzig Schritt so beiläufig und durch Jungholz, gerade das Blatt habe er im Dämmern wahrnehmen können. Da sei das Wild im Feuer zusammengebrochen, aber zugleich da aus dem Unterholz ein kläglicher Schrei gekommen als wie von ei-nem Weib. Gleich nachher seis aber still geworden, als habe das ver-wundete Weib sich selber den Mund zugehalten. Da habe er seinen

Stand natürlich nicht verlassen können, die nächste Nacht aber die Wirtin aufgesucht und sie im Bett gefunden mit Wundfieber. Da sei er flink dahintergekommen, daß die Eifersucht sie in den Wald getrieben habe, weil sie gemeint hatte, die Kammerjungfer wäre mit und sie fände die beiden im Unterholz miteinander. Er habe sich den Buckel voll lachen müssen, daß sie den Denkzettel erwischt habe von seiner Hand, und habe ihm doch keinen Vorwurf machen können, vielmehr seinen gesalzenen Spott ruhig hinnehmen und den Mund halten müssen vor jedermann und sich gegen jedermann geradlügen, wie sie sei in die Sichel gefallen und habe sich oberm Knie einen Schnitt getan.

Andreas ritt schneller, der andere auch, sein Gesicht dicht hinter Andreas war rot vor wilder frecher Lust wie ein Fuchs in der rage. Andreas fragte, ob die Gräfin noch lebe. Oh die habe noch manchen glücklich gemacht und sähe heut noch aus wie fünfundzwanzig. Das sei eine, von der wisse er manches Stückl zu erzählen, – und überhaupt die vornehmen Weiber hier auf den Schlössern, wenn man die nur richtig zu nehmen wisse, wo eine Bäuerin den kleinen Finger gäbe, da gäben die gleich die ganze Hand und das übrige auch dazu. Nun ritt er ganz dicht neben Andreas, anstatt dahinter, aber Andreas achtete es nicht. Der Bursch war ihm widerlich wie eine Spinne, aber von dem Gerede war sein zweiundzwanzigjähriges Blut aufgeregt, und seine Gedanken gingen woanders hin. Er dachte, wenn er diesen Abend ankäme auf dem Pormbergischen Schloß und wäre erwartet und andere Gäste auch. Am Abend nach einer Jagd, und er der beste Schütz, wo er hinzielt, fällt was. Die schöne Gräfin in seiner Nähe, wie er schießt, spielt ihr Blick so mit ihm wie er mit dem Leben der Waldtiere. – Dann sind sie auf einmal allein, ein ganz einsames Gemach, er mit der Gräfin allein, klafterdicke Mauern, totenstill. Ihm graust, daß es ein Weib ist und nicht mehr eine Gräfin, auch nicht der junge Kavalier, nichts Galantes, Ehrbares mehr, auch nichts Schönes, sondern ein wildes Tun, ein Morden im Dunkeln. Der Kerl ist dicht daneben und schießt mit aufgerissenem Maul seine Büchse auf ein Weib, das im Hemd zu ihm geschlichen ist. Er will mit der Gräfin wieder in den Speisesaal zurück, dorthin wo alles fröhlich ist und ehrbar, reißt seine Gedanken zurück – da spürt er, daß er sein Pferd pariert hat, und zugleich stolpert dem Bedienten sein Gaul. Der flucht Himmelsakrament, als wäre das vorn nicht sein Herr, sondern einer, mit dem er lebenslang die Säu gefüttert habe. Andreas verweists ihm nicht. Er ist jetzt zu schlapp, das breite Tal ist ihm widerlich, die Wolken hängen da wie Säcke. Er möchte, das wäre alles längst vorüber, möchte älter sein und schon Kinder haben, und das wäre sein Sohn, der nach Venedig ritte. Aber ein ganz andrer Kerl als er, ein rechter Mann, und alles rein und freundlich wie an einem Sonntagmorgen, wenn man die Glocken hört.

Den nächsten Tag ging die Straße bergauf. Das Tal zog sich zusammen, steilere Abhänge, hoch oben manchmal eine Kirche, ein paar Häuser, tief drunten ein rauschendes Wasser. Die Wolken waren bewegt, manchmal fuhr ein Sonnblick wie ein Schuß bis hinab an den Fluß, zwischen Weide und Haseln leuchteten die Steine fahl weiß auf, das Wasser grün. Dann wieder Dunkelheit, leichter Regen. Nach den ersten hundert Schritt lahmte das frisch gekaufte Pferd, seine Augen waren trüb, der Kopf viel älter, das ganze Tier sah aus wie ausgewechselt. Der Gotthelff zog los, das wäre kein Wunder, wenn abends, wo die Pferde müde in den Beinen wären, einer seinen Gaul auf der halbdunklen Landstraße ohne Grund zusammenrisse, mir nichts dir nichts, daß der hintere Reiter ins Stolpern kommen müsse. So eine Manier sei ihm noch nicht vorgekommen, bei den kaiserlichen Reitern werde das mit Krummschließen gestraft.

Andreas verwies es ihm wieder nicht, der Mensch versteht was von Pferden, dachte er, dünkt sich verantwortlich für den Braunen, davon geht ihm die Galle über. – Aber dem Freiherrn von Petzenstein hätte ers doch nicht in dem Ton gesagt. Geschieht mir recht. Da ist halt ein gewisses Ding um einen solchen großen Herrn, vor dem hat ein Lakai Respekt. Bei mir ists nichts, wollte ichs da erzwingen, es stünde mir nicht an. Bis Samstag nehme ich ihn mit, dann verkaufe ichs Pferd, mag auch das halbe Geld dabei verloren sein, lohn ihn ab, ein Bursch wie der findet sich zehn Dienste für einen, aber er braucht eine andere Hand über sich.

Bald mußten sie Schritt reiten; sah des Pferdes Kopf trübselig und abgefallen aus, so des Gotthelff Gesicht gedunsen und grimmig. Er zeigte auf einen großen Bauernhof vor ihnen, seitlich der Straße: dort wird abgesessen, einen stockkrummen Gaul reite ich keinen Schritt weiter.

Das Gehöft war mehr als stattlich. Ums Ganze lief eine steinerne Mauer im Viereck, an jeder Ecke ein starker Turm, das Tor in Stein

15

gefaßt, darüber ein Wappenschild. Andreas dachte, es müsse ein Herrensitz sein. Sie stiegen ab. Gotthelff nahm die beiden Pferde in die Hand, den Braunen mußte er durch das Tor mehr ziehen als führen. Im Hof war niemand als ein schöner großer Hahn auf dem Mist mit vielen Hennen, auf der anderen Seite lief ein kleines Wasser vom Brunnen ab, hatte einen Abzug unter der Mauer zwischen Nesseln und Brombeeren, da schwammen kleine Enten. Eine ganz kleine Kapelle stand da; Blumen daran hinten in Holzgittern, das alles innerhalb der Mauer. Der mittlere Weg durch den Hof war gepflastert, die Hufe der Pferde klapperten darauf. Der Weg führte mitten durchs Haus, ein mächtig gewölbter Torweg, die Stallungen mußten hinterm Haus sein.

Jetzt kamen zwei Knechte herzu, auch eine junge Magd, dann der Bauer selber, ein Hochgewachsener, dem Anschein nach kaum viel über vierzig, dabei schlank und mit einem schönen Gesicht. Den Fremden wurde ein Stall gewiesen für die Pferde, dem Andreas eine freundliche Stube im Oberstock, alles in der Art eines wohlhabenden Hauses, wo man nicht verlegen ist, wenn auch ungemeldete Gäste kommen. Der Bauer warf einen Blick auf den kleinen Braunen, dann trat er hin, sah dem Pferd zwischen den Vorderbeinen durch, sagte nichts. Die beiden Fremden wurden geheißen, gleich zum Mittagstisch zu kommen.

Die Stube war stattlich gewölbt, an der Wand ein geschnitzter Heiland am Kreuz, mächtig groß. In der einen Ecke der Tisch, die Mahlzeit schon aufgetragen. Die Knechte und Mägde, schon den Löffel in der Hand, zuoberst die Bäuerin, eine große Frau mit einem geraden Gesicht, aber nicht so schön und freudig wie der Mann, und daneben die Tochter, so groß wie die Mutter, aber doch noch wie ein Kind, ebenmäßig die Züge wie die der Mutter, aber alles freudig bei jedem Atemzug aufleuchtend wie beim Vater.

An der Mahlzeit, die jetzt kam, würgte Andreas in Erinnerung wie an einem argen Bissen, der doch den Schlund hinunter mußte. Die Leute so gut, so zutraulich, alles so ehrbar und sittlich, arglos, das Tischgebet schön vorgesprochen vom Bauer, die Bäuerin sorglich zu dem fremden Gast wie zu einem Sohn, die Knechte und Mägde bescheiden und ohne Verlegenheit, ein freundliches offenes Wesen hin und her. Dazwischen hinein aber der Gotthelff, wie der Bock im jungen Kraut, frech und oben herab mit seinem Herrn, unflätig und herrisch mit den Knechtsleuten, ein Hineinfressen, Angeben, Prahlen. Andreas schnürt es die Kehle, alles was der Kerl sich vergibt und nach links und rechts sich überhebt mit Frechheit und Albernheit, geht ihm zehnfach durch den Leib. Er spürts, als fasse seine Seele jeden der Knechte und Bauer und Bäuerin dazu. Der Bauer scheint ihm so still um die Stirn, der Bäuerin Gesicht streng und hart geworden – er möchte auf und dem Gotthelff so tun, die Fäuste ums Gesicht schlagen, daß der blutend zusammenfiele, man ihn aus dem Zimmer schleppen müßte, die Füße voraus.

Endlich ist es so weit, das Danksprüchel gebetet, wenigstens heißt er ihn gleich in Stall und nach dem kranken Pferd schauen, zuvor Mantelsack und Felleisen auf sein Zimmer tragen, und das so scharf und bestimmt, daß der Bediente ihn erstaunt anschaut, und wenn schon mit einem schiefen Maul und bösem Blick, doch sich sogleich aus dem Zimmer hebt. Andreas ging auf seine Stube – wollte hinunter nach dem Pferd sehen, wollte es auch sein lassen, nur daß er den Gotthelff nicht zu sehen brauche. Stand im Torweg, unterdem ging eine angelehnte Tür, trat das Mädchen Romana hervor, fragte ihn, wo er hinginge. Er: er wisse es nicht, sich die Zeit vertreiben, auch nach dem Pferd sehen müsse er, ob man morgen werde abreiten können. Sie: »Müßt Ihr euch die vertreiben? mir vergeht sie schnell genug, oft ist mir angst.« – Ob er schon im Dorf gewesen sei? die Kirche sei gar schön, sie wolle sie ihm zeigen. Dann, wenn sie heimkämen, könne er nach dem Pferd sehen, dem habe sein Reitknecht unterdessen Umschläge gemacht, von frischem Kuhmist.

Dann gingen sie hinten zum Hof hinaus, da war zwischen dem Kuhstall und der Mauer ein Weg, und neben dem einen Eckturm führte ein kleines Pförtchen ins Freie. Auf dem kleinen Fußweg durch die Wiesen aufwärts sprachen sie viel. Sie fragte ihn, ob seine Eltern noch am Leben, ob er Geschwister gehabt? – da täte er ihr leid, so ganz allein, sie habe zwei Brüder, sonst wären ihrer neun, wenn nicht sechse gestorben wären, die wären alle als unschuldige Kinder im Paradies. Die Brüder wären mit zwei Knechten oben in dem Klosterwald holzmachen, da wäre es lustig in der Holzhütte leben, eine Magd wäre auch mit, da dürfe nächstes Jahr sie hin, es sei ihr von den Eltern versprochen.

Indem waren sie ans Dorf gekommen. Die Kirche lag seitwärts, sie waren eingetreten, sprachen leise. Romana zeigte ihm alles, einen Schrein mit einem Fingerglied der heiligen Radegundis in goldener

Kapsel, die Kanzel mit pausbackigen Engeln, die silberne Trompeten bliesen, ihren Platz und der Eltern und Geschwister, die waren in der vordersten Bank und seitlich der Bank ein metallenes Schildchen, darauf stand: Vorrecht des Geschlechts Finazzer. Nun wußte er den Namen.

Zu einer anderen Seite traten sie aus der Kirche hinaus, da war man auf dem Kirchhof. Romana ging zwischen den Gräbern um wie zu Hause, sie führte Andreas zu einem Grabhügel, da waren mehrere Kreuze hintereinander eingesteckt. »Hier liegen meine kleinen Geschwister, Gott hab sie selig«, sagte sie und bückte sich und jätete zwischen den schönen Blumen das wenige Unkraut. Dann nahm sie das kleine Weihwasserbecken vom vordersten Kreuz ab und sagte: »Ich muß ihm frisches Weihwasser eintun; die Vögel setzen sich fleißig drauf und schmeißens um.« Indessen las Andreas die Namen ab: da waren die unschuldigen Knaben Aegydius, Achaz und Romuald Finazzer, das unschuldige Mädchen Sabina und die unschuldigen Zwillingskinder Mansuet und Liberata. Andreas schauderte in sich, daß sie so früh hatten hinwegmüssen, keiner auch nur ein Jahr hier geweilt, der eine nur einen Sommer, einen Herbst gelebt. Er dachte an das warmblütige freudige Gesicht des Vaters und begriff, daß der Mutter ihr ebenmäßiges Gesicht härter und blässer war. Da kam Romana mit Weihwasser in der Hand aus der Kirche zurück, sie trug das kleine Becken mit ehrfürchtiger Achtsamkeit, keinen Tropfen zu verschütten. Gerade in ihrem bedachten Ernst war sie ein Kind, im Unbewußten aber und in der Lieblichkeit und Größe eine Jungfrau. – »Hierum liegen lauter meinige Verwandte«, sagte sie und sah mit den leuchtenden braunen Augen über die Gräber: es war ihr wohl, hier zu sein, wie ihr wohl war, bei Tisch zwischen Vater und Mutter zu sitzen und den Löffel in den wohlgeformten Mund zu führen. Sie schaute, wo Andreas hinsah; ihr Blick konnte so fest sein wie eines Tieres und den Blick eines anderen, wo der hinschweifte, gleichsam nehmen.

In der Kirchenmauer hinter den Finazzergräbern war ein großer rötlicher Grabstein eingelassen, darauf die Gestalt eines Ritters, gewappnet von Kopf zu Fuß, den Helm im Arm, zu seinen Füßen ein kleiner Hund, so lebendig als schliefe er nur, dessen Pfoten rührten an ein Wappenschild. Sie zeigte ihm das Hundel, das Eichkatzel mit Krone in den Pfoten und selber gekrönt, als Helmzier. »Das ist unser Urahn«, sagte Romana, »derselbig ist ein Ritter gewesen und von Wälschtirol hierher angesessen.« – »So seid ihr adelig, und das Wappen, das ob der Sonnenuhr ans Haus gemalt ist, ist euer?« sagte Andreas. – »Schon«, sagte Romana und nickte, »daheim ist im Buch alles abgemalt, und das heißt man den Kärntnerischen Ehrenspiegel. Das ist aus der Zeit vom Kaiser Maximilian dem Ersten, das kann ich Ihnen zeigen, wenn Sie es sehen wollen.«

Daheim zeigte sie ihm das Buch, und ihre Freude war groß wie die eines wahrhaften Kindes über die vielen schönen Helmzierden. Die Flügel, springende Böcklein, Adler, Hahn und ein wilder Mann – nichts entging ihr, aber das eigene Wappen war das schönste: das Eichhörnchen mit der Krone in der Hand; es ist nicht das schönste, aber es ist ihr das liebste. Sie drehte Blatt für Blatt für ihn um und ließ ihm Zeit, »Schaun jetzt das!« rief sie jedes Mal. »Der Fisch sieht zornig aus wie eine frischgefangene Forelle – der Bock ist arg.«

Dann brachte sie ein anderes dickes Buch, da waren die Höllenstrafen verzeichnet: die Martern der Verdammten waren angeordnet nach den sieben Todsünden, alles in Kupfern. Sie erklärte Andreas die Bilder und wie jede Strafe aus der Sünde genau hervorgehe; sie wußte alles und sprach alles aus, ohne Arg und ohne Umschweif; es war Andreas, als schaue er in einen Kristall, in dem lag die ganze Welt, aber in Unschuld und Reinheit.

Sie saßen miteinander in der großen Stube auf der Bank, die ins Eckfenster hineingebaut war, da horchte Romana auf, als könnte sie durch die Wand hören: »Jetzt sind die Geißen daheim, kommen Sie, sie anschaun.« Sie nahm Andreas bei der Hand, der Geißbub hatte den Milchkübel hingestellt, die Geißen drängten sich um ihn, jede wollte das volle Euter über dem Kübel haben. Es waren ihrer fünfzig, der Bub war ganz fest eingeschlossen von ihnen. Romana kannte jede, zu ihr wandten sie sich um, unschlüssig, ob dahin oder dorthin. Sie zeigte Andreas die bösartigste und die gutherzigste, die langhaarigste und die am meisten Milch gab, die Geißen kannten auch sie und kamen willig zu ihr. An der Mauer dort war ein grasiger Fleck, das Mädchen legte sich flink auf den Boden, so stand eine Geiß sogleich über ihr, sie trinken lassen, und wollte nicht ungesogen von ihr fort, bis Romana hinter einen Leiterwagen sprang und Andreas bei der Hand mitzog. Die Geiß fand nicht den Weg und meckerte kläglich hinter ihr drein.

Indem stiegen Romana und Andreas in dem einen Turm, der gegens Gebirge hin stand, die Wendeltreppe empor. Oben war ein kleines

rundes Gemach, da hockte auf einer Stange ein Adler. Über sein ver-
steintes Gesicht, in dem die Augen wie erstorben lagen, flog ein Licht,
er hob in matter Freude die Schwingen und hüpfte zur Seite, Romana
setzte sich zu ihm und legte eine Hand auf seinen Hals. Den habe der
Großvater heimgebracht, noch fast nackt. Denn Adlerhorst ausnehmen,
das sei dem Großvater sein Sach gewesen, sonst habe er bereits nichts
getrieben, aber oft weit reiten, dann herumsteigen, Horst aufspüren
wo im Gewänd, die Leut von dort aufbieten, Senner und Jäger, die
längsten Kirchenleitern aneinanderbinden lassen, hinauf und ein Nest
ausnehmen, oder an einem Strick sich herablassen kirchturmtief. Das
sei sein Sach gewesen und schöne Frauen heiraten. Das habe er viermal
getan, und nach jeder Tod allemal eine noch schönere und allemal aus
der Blutsfreundschaft, denn, habe er gesagt, übers Finazzersche Blut
gehe ihm nichts. Wie er den Adler da gefangen, sei er schon vierund-
fünfzig gewesen und an vier Kirchenleitern neun Stunden über dem
schrecklichsten Abgrund gehangen, darauf aber seine letzte Frau gefreit.
Die wäre eines Vetters junge Witwe gewesen und hätte immer nach
dem Großvater gelangt, niemanden anders angeschaut als diesen und
sich fast gefreut, wie – vor einem scheuen Ochsen – ihr Mann sich
totfiel, von dem sie ein schönes kleines Mädl hatte, eine hochschwanger
gehende Frau damals. So waren der Vater und die Mutter zusammen-
gebrachte Kinder gewesen, die Mutter ein Jahr älter als der Vater.
Darum hingen sie auch gar so sehr aneinander, weil sie vom gleichen
Blut waren und von Kindheit an miteinander aufgewachsen. Wenn
der Vater verritte, nach Spittal oder ins Tirol hinüber, Vieh einkaufen,
und wäre es auch nur auf zwei oder drei Nächte, so ließe ihn die
Mutter kaum los, da weinte sie allemal und jedesmal wieder, hing lang
an ihm, küßte ihm den Mund und die Hände und hörte nicht auf mit
Winken und Nachschauen und Segennachsprechen. So wollte sie auch
einmal mit ihrem Mann zusammenleben, anders wollte sies nicht.

Indem waren sie über den Hof gegangen, neben der Hoftür war eine
Holzbank inner der Mauer, dort zog sie ihn hin und hieß ihn neben
sie setzen. Andreas war es wunderbar, wie das Mädchen so ungehemmt
alles zu ihm redete, als ob er ihr Bruder wäre. Indessen war Abend
geworden, das graue Gewölk auf einer Seite aufs Gebirg herabgesunken,
auf der andern Seite eine durchdringende Helligkeit und Reinheit,
einzelne goldene Flocken da und dort am Himmel, alles in Bewegung
auf dem dunkelblauen Himmel, der Tümpel mit den aufgeregten Enten

wie sprühendes Feuer und Gold, der Efeu drüben an der Mauer der
Kapelle wie Smaragd, ein Zaunschlüpfer oder Rotkehlchen glitt aus
dem grünen Dunkel hervor, überschlug sich mit einem süßen Laut in
der webend leuchtenden Luft. Das Schönste waren Romanas Lippen,
die waren von leuchtendem durchsichtigem Purpurrot, und ihre eifrig
arglosen Reden kamen dazwischen heraus wie eine Feuerluft, in der
ihre Seele hervorschlug, zugleich aus den braunen Augen ein Aufleuch-
ten bei jedem Wort.

Auf einmal sah Andreas drüben im Haus, in einem ausgebauchten
Fenster im Oberstock, die Mutter stehen und auf sie herabschauen. Er
sagte es zu Romana. Durchs bleigefaßte Fenster schien ihm das Gesicht
der Frau trüb und streng, er meinte, sie müßten jetzt aufstehen und
ins Haus gehen, die Mutter würde sie brauchen, oder sie wollte nicht,
daß sie so beisammen hier säßen. Romana nickte nur froh und frei,
zog ihn an der Hand, er solle sitzen bleiben, die Mutter nickte dazu
und ging vom Fenster weg. Das war Andreas fast unbegreiflich, er
wußte nichts anderes gegenüber Eltern und Respektspersonen als ge-
zwungenes und ängstliches Betragen; er konnte nicht denken, daß der
Mutter ein solcher freier Umgang anders als mißfällig wäre, wenn sie
es schon nicht ausspräche. Er setzte sich nicht wieder, sondern sagte,
er müsse doch jetzt nach dem Pferde sehen.

Als sie in den Stall kamen, hockte die junge Magd bei einem Feuer,
ihr Haar hing in Strähnen über die erhitzten Backen, der Bediente
mehr auf ihr als neben ihr, sie schien in einem eisernen Topf was zu
brauen. »Soll ich noch um Salpeter, Herr Wachtmeister«, sagte die
Dirne und kicherte, als stecke da was Großes dahinter. – Als Andreas
eintrat und Romana hinter ihm, nahm der Lümmel mit Not eine ma-
nierliche Stellung an. Andreas hieß ihn, den Mantelsack, der noch im
Stroh lag, gleich auf sein Zimmer tragen und das Felleisen auch. »Schon
gut«, sagte der Gotthelff, »erst muß das da fertig sein. Das wird ein
Trank, der kann ein krankes Roß gesund und einen gesunden Hund
krank machen.« Dabei drehte er sich gegen Andreas um und sah ihm
recht frech in die Augen. – »Was ist mit dem Pferd«, sagte Andreas
und tat einen Schritt in den Stand hinein, stockte aber, ehe er den
zweiten Schritt tat, weil er wußte, er verstands nicht, und der Braun
trübselig dreinschaute. – »Was soll sein, morgen früh ist er gesund
und abgeritten wird«, erwiderte der Bursch und drehte sich wieder
zum Feuer, aber hinten im Maul lachte er dabei.

Andreas nahm den Mantelsack und tat, als hätte er vergessen, was er dem Burschen anbefohlen hatte. Er grübelte selber, vor wem er so tat, vor sich, vor dem Kerl oder vor Romana. Diese ging hinter ihm drein die Treppe hinauf. Er ließ die Stubentür hinter sich offen, warf den Mantelsack zur Erde, das Mädchen trat herein, sie trug das Felleisen und legte es auf den Tisch.

»Das ist meiner Großmutter ihr Bett, darin hat sie Kindbett gehalten. Sehen, wie schön das gemalt ist, aber meiner Mutter und Vater ihr Bett ist noch schöner und weit größer, da sind oberkopf der heilige Jakob und Stefan draufgemalt und unterfuß noch schöne Blumenkränz. Dies ist das kürzere, weil die Großmutter kein großes Weib war. Ich weiß nicht, obs für Sie die Länge haben wird, ist gar kurz. Wir sind in der Länge gleich, müssen probieren, ob eins da ausgestreckter schlafen kann. Schief und quer schlafen ist kein Schlafen. Das meinige ist lang und breit, hätten zwei Platz.«

Flink schwang sie die großen leichten Glieder in das Bett und lag der Länge nach darin und berührte mit der Fußspitze einen Leisten der unteren Bettstatt. Andreas war über sie gebeugt. So fröhlich und arglos lag sie unter ihm, wie sie sich auch unter die Geiß hingestreckt hatte. Andreas sah auf ihren halboffenen Mund, sie streckte die Arme nach ihm aus und zog ihn leise an sich, daß seine Lippen die ihren berührten. Er hob sich auf, es durchfuhr ihn, daß es der erste Kuß in seinem Leben war. Sie ließ ihn und zog ihn wieder sanft zu sich und nahm und gab wieder einen Kuß und dann auf die gleiche Weise zum dritten und vierten Mal. Der Wind bewegte die Tür, Andreas war es, als habe wer hereingeschaut. Er ging hin, trat auf den Gang hinaus; da war niemand. Romana kam gleich hinter ihm drein, er ging die Treppe hinunter, ohne ein Wort zu sprechen, sie ebenso hinter ihm her, ganz leicht und unbeschwert.

Unten stand ihr Vater und gab dem Altknecht Befehl, wie das letzte Grummet einzufahren sei, wo zuerst was trocknet. Sie lief zutraulich zu ihm hin, lehnte sich an ihn; der schöne Mann stand neben dem großen Kind wie ein Bräutigam.

Andreas ging nach dem Stall, als hätte er dort wichtig zu tun. Der Knecht kam eilfertig aus dem Halbdunkel heraus, stieß fast an ihn, rief »Oha«, als hätte er seinen Herrn nicht erkannt, und gleich sprudelte ihm Rede vom feuchten Mund. Das sei ein prächtiges Mensch, die helfe ihm fleißig das Pferd kurieren. Die sei auch nicht von hier, sondern aus dem Unterland und habe die Bauersleut alle im Sack. Aber dem Herrn brauche er nichts zu erzählen, der verstehe die Sache ganz wohl, der habe sich eine junge und saubere ausgesucht. Ja, so sei es eben in Kärnten, das sei ein Leben! Da seien sie schon mit fünfzehn keine Jungfrauen mehr, da lasse des Großbauern Tochter ihre Kammertür ebenso gern unverriegelt, wie die Kuhmagd die ihre, heute dem, morgen jenem, so komme ein jeder auf seine Rechnung. – Dem Andreas war eine Hitze in der Brust und stieg gewaltsam die Kehle herauf, aber keine Rede löste sich ihm von der Zunge; er hätte dem mit der Faust ums Maul schlagen wollen – warum tat er es nicht? Der andere spürte was und trat einen halben Schritt zurück. Aber Andreas war woanders, seine Augäpfel zitterten, er sah Romana im Hemd im Finstern auf ihrem reinen Bett sitzen, die nackten Füße hinaufgezogen und auf die Klinke schauen. Sie hatte ihm ihre Kammertür gezeigt und daß daneben ein leeres Zimmer war, und von ihrem Bett geredet, das alles ging vor ihm hin, wie ein Bergnebel. Er wollte den Gedanken nicht nachhängen, sich davon abwenden – unwillkürlich kehrte er dem Kerl nun den Rücken, und da hatte der wieder gewonnenes Spiel.

Beim Nachtmahl wars Andreas wie nie im Leben, alles wie zerstückt: das Dunkel und das Licht, die Gesichter und die Hände. Der Bauer griff gegen ihn nach dem Mostkrügel, Andreas erschrak ins Innerste, als suche eine richtende Hand die Ader seines Herzens. Unten am Tisch gluckste die Magd ihr »Herr Wachtmeister« heraus, Andreas fragte bös und herrisch, »was ist das für ein Mann?« Die Stimme schien ihm so fremd, und ihm war wie einem Träumenden, der aus dem Traum spricht. Von weit her starrte der Bediente ihn an, weiß und struppig, – verbissen.

Später war Andreas allein in seinem Zimmer. Er stand am Tisch, schnürte an seinem Mantelsack herum, Feuerzeug lag da, er brauchte keine Kerze, der Mond fiel stark durchs Fenster, alles zerschied sich in schwarz und weiß. Er horchte auf die Geräusche im Haus, die Reitstiefel hatte er ausgezogen – er wußte nicht, auf was er wartete. Und wußte es doch und stand auf einmal draußen im Gang vor einer Zimmertür. Er hielt den Atem an: zwei Menschen, die beisammen im Bett lagen, sprachen miteinander gedämpft und zutraulich. Seine Sinne waren geschärft, er konnte hören, daß die Bäuerin unterm Reden ihr Haar flocht und zugleich, wie unten der Hofhund gierig an etwas fraß. Wer füttert jetzt in der Nacht den Hund, dachte es in ihm, und zugleich

23

war ihm zumut, als müsse er nochmals zurück in seine Knabenzeit, als er noch das kleine Zimmer neben den Eltern hatte und sie durch den in die Wand eingelassenen Kleiderschrank mußte abends reden hören, er mochte wollen oder nicht. Er wollte auch jetzt nicht horchen, und hörte doch, dazwischen aber hörte er auch seine Eltern reden, die waren freilich älter als der Bauer und die Bäuerin, doch nicht viel, zehn Jahr etwa. Ist das so viel – dachte er –, sind sie dem Tod so viel näher, abgelebt? Es ist bei jedem Wort, als könnts auch ungeredet bleiben, eine Rede, eine Gegenrede, und das wahre Leben vorbei. Bei den Zweien da drin alles so zutraulich und warmblütig wie bei ganz Neuvermählten.

Auf einmal traf es ihn, wie wenn ihm ein kalter Tropfen mitten aufs Herz gefallen wäre. Sie sprachen von ihm und dem Mädchen, aber auch das war arglos. Was immer das Kind täte, sagte die Frau, sie ließe ihrs angehen, denn sie wüßte, hinterm Rücken löffeln würde ihr das Kind nie. Dazu sei sie zu freimütig, das habe sie von ihm, wie er allezeit ein feuriger Freund und glückliebender Mensch gewesen, so sei es jetzt durch Gottes Güte das Kind geworden. – Nein, sagte der Mann, das habe sie von ihr, weil sie dieser Mutter Kind sei, darum könne nichts Falsches und Verstohlenes an ihr sein. – Da habe er aber jetzt ein altes Weib an ihr, wo schon die Tochter einem fremden Mann nachgehe, da müsse er sich bald schämen, zu ihr zu sein wie ein Liebhaber. – Nein, da bewahre Gott, ihm sei sie alleweil die gleiche, nein vielmehr immer die Liebere und keine Stund noch hätte es ihn gereut diese achtzehn Jahre. – So auch sie keine Stund noch. Ihr sei nur um ihn; und, gab seine schöne Stimme zurück, ihm sei nur um sie und die Kinder, das wäre ein Einziges mit ihr zusammen – die welche da seien und die anderen. So seien doch die zwei alten Leut glücklich zu preisen, die der angeschwollene Schwarzbach im April mitgenommen habe. Zusammen seien sie auf einer Bettstatt dahingeschwommen, hielten einander bei den Händen, und mitsammen hätt sies in einen Tobel hinuntergerissen und ihr weißes Haar hätte geleuchtet wie Silber unter den Weiden. Das gebe Gott halt denen, die er ausgewählt hätte; das sei jenseits von Wünschen und Bitten.

Indem wurde es ganz still im Zimmer, man hörte ein leises Sichbewegen in den Betten, ihm war, als küßten sich die beiden. Er wollte weg und getraute sichs nur nicht, um der vollkommenen Stille willen. Es legte sich schwer auf ihn, daß es zwischen seinen Eltern nicht so schön war, kein so inniger Umgang zwischen ihnen, obwohl doch jeder stolz war auf den andern und sie gegen die Welt fest zusammenstanden und empfindlich jedes des anderen Ehre und allgemeine Achtung wahrten. Er konnte sichs nicht auflösen, was seinen Eltern fehlte; da fingen die beiden drinnen an, mitsammen das Vaterunser zu beten, Andreas schlich sich fort.

Jetzt zog es ihn erst recht zu Romanas Tür, unwiderstehlich, aber anders als früher, alles war auseinandergetreten in Weiß und Schwarz. Er sagte sich, das ist einmal mein Haus, meine Frau, so lieg ich neben ihr und rede von unseren Kindern. Er war jetzt sicher, daß sie ihn erwartete, ganz in der gleichen Weise wie er jetzt zu ihr ging, für viele unschuldige feurige Umarmungen und ein heimliches Verlöbnis.

Er ging mit sicheren schnellen Schritten bis zu der Tür, sie war nur angelehnt: gab seinem Druck lautlos nach. Ihm war, als säße sie wachend im Dunkeln, glühte vor Erwartung. Er stand schon mitten im Zimmer, da merkte er, sie regte sich nicht. Ihr Atem ging so lautlos, daß er den seinigen anhalten mußte in gespanntem Horchen und nicht wußte, ob sie wach war oder schlief. Sein Schatten lag wie festgewurzelt auf dem Fußboden, fast hätte er vor Ungeduld den Namen geflüstert, kam dann keine Antwort, sie mit Küssen geweckt – da durchfuhr es ihn wie ein kaltes Messer. In einem anderen Bett, über das ein großer Schrank schwarzen Schatten warf, regte sich ein anderer Schläfer, seufzte auf, suchte eine andere Stelle. Der Kopf kam dem Mondlicht nahe, weiße gesträhnte Haare, es war die alte Magd, die Ausgeherin. Nun mußte er hinaus, zwischen jedem Schritt und dem nächsten lag eine endlose Zeit. Betrogen ging er leise, wie träumend den langen mondhellen Gang hinweg in seine Stube.

Ihm war so heimlich, so wohnlich wie nie in seinem Leben. Er sah auf den rückwärtigen Hof hinaus, über dem Stall hing der Vollmond, es war eine spiegelhelle Nacht. Der Hund stand mitten im Licht, er hielt den Kopf sonderbar ganz schief, drehte sich in dieser Stellung immerfort um sich selber. Es war, als erduldete das Tier ein großes Leiden, vielleicht war er alt und dem Tode nah. Andreas fiel eine dumpfe Traurigkeit an, ihm war unmäßig betrübt zumut über das Leiden der Kreatur, wo er doch so glücklich war, als werde er in diesem Anblick an den nahe bevorstehenden Tod seines Vaters gemahnt.

Er trat vom Fenster weg, nun konnte er wieder an seine Romana denken, nur jetzt noch wahrer und feierlicher, da er eben in solcher

Weise an seine Eltern gedacht hatte. Er war schnell ausgezogen und zu Bett, und in seiner Einbildung schrieb er an seine Eltern. Die Gedanken strömten ihm, alles, was ihm einfiel, war unwiderleglich, einen solchen Brief hatten sie von ihm noch nie bekommen. Sie mußten fühlen, daß er nun kein Knabe war, sondern ein Mann. Wäre er eine Tochter statt eines Sohnes – so beiläufig fing er an –, so wäre ihnen schon lange das Glück zuteil gewesen, in noch rüstigen Jahren Enkel zu umarmen und Kinder ihrer Kinder heranwachsen zu sehen, – durch ihn hätten sie auf dieses Glück allzulange warten müssen, das doch einer der reinsten aller Glücksfälle des Lebens sei und gewissermaßen selber ein erneutes Leben. – Die Eltern hätten immer zu wenig Freude an ihm gehabt – er dachte dies so lebhaft, als wären sie tot und er müßte sich auf sie legen, sie mit seinem Leib erwärmen. – Nun hätten sie ihn auf eine kostspielige Reise in fremdes Land ausgeschickt – wozu? um fremde Menschen kennenzulernen, fremde Landesgebräuche zu beobachten, um sich in den Manieren zu vervollkommnen. Dies alles aber sind nur Mittel und abermals Mittel zum Zweck. Wie viel besser stünde es, wenn sich dieser höchste Zweck selber, der nichts anderes sei als das Glück des Lebens, mit einem raschen Schritt für immer erreichen lasse. Nun habe er ja durch Gottes plötzliche Fügung das Mädchen gefunden, die Lebensgefährtin, die sein Glück verbürge. Von jetzt an gebe es für ihn nur *ein* Trachten: an der Seite dieser durch die eigene Zufriedenheit auch die Eltern zufriedenzustellen.

Der Brief, den er in Gedanken schrieb, war weit über dieser dürftigen Inhaltsangabe, die beweglichsten Worte kamen ihm ungesucht, die schönen Wendungen hingen sich kettenweise aneinander. Er redete von dem schönen Besitz der Familie Finazzer und von ihrer altadeligen Abstammung, ohne Prahlerei, auf eine Weise, die ihn selbst zufriedenstellte, nebenhin und doch mit Nachdruck. Hätte er nur ein Tintenfaß und eine Feder zur Hand gehabt, er wäre aus dem Bett gesprungen, und der Brief wär in einem Schwung geschrieben. So aber fing die Müdigkeit an, ihm die schöne Kette auseinanderzulösen, andere Vorstellungen drängten sich dazwischen, und lauter widerwärtige und ängstliche.

Es mochte Mitternacht vorüber sein. Er sank in einen wüsten Traum und aus einem in den anderen. Alle Demütigungen, die er je im Leben erfahren hatte, alles Peinliche und Ängstigende war zusammengekommen, durch alle schiefen und queren Situationen seines Kindes- und

Knabenlebens mußte er wieder hindurch. Dabei floh Romana vor ihm, in seltsamen halb bäurischen, halb städtischen Kleidern, bloßfüßig unterm schwarz gefälteten Brokatrock, und es war in Wien in der menschenbelebten Spiegelgasse, ganz nahe dem Haus seiner Eltern. Angstvoll mußte er ihr nach und mußte doch dies Nacheilen wieder ängstlich verbergen. Sie drängte sich durch die Menschen durch und wandte ihm ihr Gesicht zu, das hölzern und verzogen war. Wie sie weiterhastete, waren ihr die Kleider unordentlich vom Leibe gerissen. Auf einmal verschwand sie in einem Durchhaus, er ihr nach, soweit es der linke Fuß erlaubte, der unendlich schwer war und sich immer wieder in Spalten des Pflasters verfing. Nun war er endlich auch in dem Durchhaus, aber er hatte langsam zu gehen, und hier blieb ihm keine schreckliche Begegnung erspart. Ein Blick, den er als Knabe gefürchtet hatte wie keinen zweiten, der Blick seines ersten Katecheten, schoß durch ihn hindurch, und die gefürchtete kleine feiste Hand faßte ihn an. Das widerwärtige Gesicht eines Knaben, der ihm in dämmernder Abendstunde auf der Hintertreppe erzählt hatte, was er nicht hören wollte, preßte sich gegen seine Wange, und wie er dieses mit Anstrengung zur Seite schob, lag vor der Tür, durch die er jetzt Romana nach mußte, ein Wesen und setzte sich gegen ihn in Bewegung: es war die Katze, der er einmal mit einer Wagendeichsel das Rückgrat abgeschlagen hatte, und die solange nicht hatte sterben können. So war sie noch nicht gestorben, nach soviel Jahren! kriechend mit gebrochenem Kreuz, wie eine Schlange kommt sie ihm entgegen, und er fürchtet über alles ihre Miene, wenn sie ihn ansieht. Es hilft nichts, er muß über sie weg. Den schweren linken Fuß hebt er mit unsäglicher Qual über das Tier, dessen Rücken in Windungen unaufhörlich auf und nieder geht, da trifft ihn der Blick des verdrehten Katzenkopfes von unten, die Rundheit des Katzenkopfes aus einem zugleich katzenhaften und hündischen Gesicht, erfüllt mit Wollust und Todesqual in gräßlicher Vermischung – er will schreien, indem schreit es auch drin im Zimmer: er muß sich durch den Wandschrank winden, der voll von den Kleidern der Eltern ist. Immer gräßlicher schreit es drin, wie ein lebendes Wesen, das ein Mörder abtut. Es ist Romana, und er kann ihr nicht helfen. Es sind der abgetragenen Kleider zu viel, die Kleider von den vielen Jahren, die nicht weggegeben worden sind: schweißtriefend windet er sich durch – mit klopfendem Herzen lag er wach in seinem Bett. Es war schon halb hell, aber noch vor Tag.

Unruhe war im Haus, Türen gingen, im Hof war ein Geräusch von laufenden und einander zurufenden Menschen. Da setzte der Schrei aufs neue ein, der seine träumende Seele aus der Tiefe des Traums an das fahle Licht emporgezogen hatte. Es war das durchdringende Weinen und Klagen einer Frauenstimme, ein gellendes Jammern, unaufhörlich stoßweise sich erneuernd. Andreas war aus dem Bett und zog sich an, aber dabei war ihm zumut, wie einem Verurteilten, den das Rufen des Henkers geweckt hat; der Traum hing noch zu sehr an ihm, die gestrige Nacht – ihm war, als habe er etwas Schweres begangen und nun komme alles ans Licht.

Er lief die Treppe hinab, der Stimme nach, die im ganzen Haus gräßlich hallte. Wenn er dachte, es könne Romana sein, so erstarrte ihm das Blut. Dann war ihm wieder, solche Töne könnten aus ihr nicht herauskommen, auch wenn sie als eine Märtyrerin auf dem Rost liege.

Unten im Erdgeschoß lief ein kleiner Gang seitlich, der stand voller Knechte und Mägde, die zur offenen Tür einer Kammer hineinstarrten. Andreas trat unter sie, und sie ließen ihn durch. Auf der Schwelle zu der Kammer blieb er stehen. Rauch und Gestank von Angebranntem schlug ihm entgegen. An den Bettpfosten war eine fast nackte Weibsperson gebunden, aus deren Mund die unaufhörlichen gellenden Klagen oder Anklagen hervorbrachen, die mit einem Klang wie aus der höllischen Verdammnis bis in die Tiefe von Andreas' Traum hinuntergelangt hatten. Der Bauer war um die Tobende, die Bäuerin halb angekleidet, der Altknecht schnitt mit dem Taschenmesser den verknoteten Strick durch, der ihre Fußknöchel mit dem Bett verband. Die Handfesseln, schon durchschnitten, und ein Knebel lagen auf der Erde. Die Obermagd goß Wasser aus einem Krug auf die glosende Matratze und die hinteren verkohlten Bettpfosten und trat die glimmenden Funken in dem Stroh und Reisig aus, das vor dem Bett aufgehäuft war.

Nun erkannte Andreas in der schreienden Gebundenen die junge Magd, die sich gestern mit seinem Bedienten gemein gemacht hatte, und nun ahnte er einen gräßlichen Zusammenhang, daß es ihn heiß und kalt überlief. Das Schreien ließ nach, der Zuspruch des Bauern und der Bäuerin schien allmählich auf das vor Angst halb wahnsinnige Geschöpf zu wirken. Zuckend lag sie der Obermagd im Schoß, die sie mit einer Pferdedecke umwickelte. Sie fing an, auf die Fragen des Bauern Antwort zu geben, das verschwollene Gesicht nahm einen menschlichen Ausdruck an, aber jede Antwort wurde wieder zu einem die Seele zerreißenden Schreien, das aus dem aufgerissenen Mund drang und durchs Haus hin schallte. Ob der Mensch sie durch einen Schlag oder sonstwie betäubt habe und dann ihr erst den Knebel in den Mund getan habe, fragte der Bauer, welcher Art das Gift gewesen sei, das er für den Hund zusammengemischt habe, und ob zwischen diesem und dem Augenblick, da sie den Knebel aus dem Mund kriegen und schreien konnte, eine kurze oder lange Zeit verstrichen sei, – aber aus dem Mund des Geschöpfes kam nichts andres heraus, als daß das Entsetzen sie heulen ließ, damit ein strafender Gott es höre: sie so angebunden und vor ihren sehenden Augen das Feuer angemacht, und dann hinausgegangen und sie von außen eingeriegelt, und durchs Fenster auf sie hereingegrinst und ihrer in ihrer Todesangst gespottet. Hinein mischte sie flehentliche Bitten, ihr die schwere Sünde zu verzeihen. Ein Name wurde nicht genannt, aber Andreas wußte nur zu gut, von wem die Rede war. Traumartig, als hätte er nun hier gesehen was er wollte, ging er durch die Knechte und Mägde durch, die ihm stillschweigend Platz machten; da stand hinter allen, in eine Türnische geduckt, Romana, halb angezogen, mit bloßen Füßen und zitternd. Fast so, wie ich sie im Traum gesehen habe, sagte es in ihm. Als sie ihn gewahr wurde, nahm ihr Gesicht den Ausdruck maßlosen Schreckens an.

Er trat in den Stall, ein junger Knecht war leise hinter ihm dreingegangen, vielleicht aus Mißtrauen. Der Stand, worin gestern Andreas' Fuchs gestanden hatte, war leer, der Braun stand auf den Beinen und sah jämmerlich drein. Der hochgewachsene junge Knecht, der ein offenes Gesicht hatte, sah Andreas an, und dieser entschloß sich zu fragen: »Hat er sonst noch was mitgehen lassen?« – »Derzeit scheints nicht«, sagte der Knecht, »es sind ihm unser etliche nach, aber sein Pferd ist wohl das schnellere, und er mag leicht zwei Stunden Vorsprung haben.« Andreas sagte nichts. Sein Pferd war dahin und mehr als die Hälfte seines Reisegeldes, das in den Sattel eingenäht war. Das aber schien ihm das geringere vor der Schmach, wie er jetzt dastünde vor den Bauersleuten, denen er dies scheußliche Greuel ins Haus gebracht hatte. Das Sprichwort »Wie der Herr so der Knecht« fiel ihm ein, und blitzschnell die Umkehrung, daß er wie von Blut übergossen vor dem ehrlichen Gesicht des Burschen dastand. – »Das Pferd da ist auch bei uns gestohlen«, sagte dieser und zeigte auf den Braun, »der Herr hats gleich gewußt, aber er hats Ihnen vorerst nicht sagen wollen.«

Andreas antwortete nicht, er ging die Treppe hinauf, und ohne das Geld zu zählen, das ihm geblieben war, nahm er so viel zu sich, als ihm nötig schien, um dem Finazzer sein gestohlenes Gut wieder zu erstatten. Und da er keinen Anhalt hatte, wieviel ein Klepper wie der Braun unter den Bauern wert sein könnte, so steckte er auf jeden Fall so viel zu sich, als er in Villach dafür bezahlt hatte. Dann stand er eine ganze Weile in unbewußten Gedanken vor dem Tisch in seinem Zimmer, und endlich ging er hinunter, das Geschäft abzumachen.

Er mußte warten, bis er mit dem Bauern reden konnte, denn es waren eben die drei Knechte eingeritten und berichteten, was sie ausgespäht und was sie von begegnenden Hirten und Landhegern in Erfahrung gebracht hatten; aber es gab wenig Aussicht, daß man des Halunken werde habhaft werden können. Der Bauer war freundlich und gelassen, Andreas um so verlegener. – »Wollen Sie denn das Pferd behalten«, fragte er, »und mir aufs neue abkaufen? denn ich weiß wohl, daß Sie ehrlich bezahlt haben werden.« – Andreas verneinte. – »Wenn nicht, wie soll ich von Ihnen Geld nehmen«, sagte er, »Sie haben mir ein gestohlenes Gut ins Haus zurückgebracht und mich überdies ein schlechtes Stallmensch kennengelehrt, daß ich sie aus dem Haus und vor die Gerichte bringen kann, bevor sie mir Ärgeres anstellt. Sie sind ein unerfahrener junger Herr, und unser Herrgott hat sichtbar seine Hand über Sie gehalten: die Magd hat eingestanden, sie hat beim Zusammensein auf der Schulter des Halunken ein Brandmal gesehen, und sie meint, hätte er ihren Blick nicht aufgefangen, über den er im Augenblick bleicher wurde als die Wand, so hätte er ihr nicht so viehisch mitgespielt. Danken Sie Ihrem Schöpfer, daß er Sie davor bewahrt hat, mit diesem entsprungenen Mordbuben eine Nacht im Wald zu verbringen. Wenn Sie weiter nach Italien wollen, wie Sie gestern gesagt haben, so kommt heute abend ein Fuhrmann hier durch, der bringt Sie bis Villach, und von dort findet sich eine Gelegenheit ins Venezianische hinunter, einen Tag über den anderen.«

Der Fuhrmann kam erst den nächsten Abend, und so verbrachte Andreas noch zwei Tage auf dem Finazzerhof. – Es war ihm schlimm, daß er dem Bauern nach dieser Sache noch zu Last liegen mußte, ihm war zumut wie einem Gefangenen. Er schlich im Haus herum, die

Leute gingen ihrer Arbeit nach, auf ihn achtete niemand. Den Bauern sah er von weitem durchs Fenster aufsitzen und wegreiten, die Bäuerin kam ihm nicht zu Gesicht. Er ging aus dem Haus und die Wiese hinan, hinterm Gehöft. Die Wolken hingen regungslos ins Tal hinein, alles war trüb und schwer, öde wie am Ende der Welt. Er wußte nicht, wohin gehen, setzte sich auf einen Stoß geschichteter Balken, die da lagen. Er wollte sich ein anderes Wetter denken, ihm war, als könne dies Tal hier nur so aussehen. Und doch war ich gestern hier so glücklich, sagte er und wollte sich Romanas Gesicht hervorrufen, konnte es nicht und ließ es auch gleich sein. So etwas kann nur dir passieren, hörte er die Stimme seines Vaters sagen, so scharf und deutlich, als wäre es außer ihm. Er stand auf, tat ein paar träge Schritte, die Stimme sagte es noch einmal. Er blieb stehen, er wollte sich dagegen auflehnen. Warum glaub ich es selbst, grübelte er und ging langsam mit widerstrebendem Fuß den Pfad hinauf, und doch war es ihm fürchterlich, weil er ihn gestern gegangen war. Darin war kein Gedanke an Romana, nur das unerträglich scharfe Gefühl des Gestern, der Nachmittagsstunde, auf die dann der Abend, die Nacht und diese Morgenstunde gefolgt waren. »Warum weiß ichs selber, daß mir das hat passieren müssen«, darüber grübelte er, und hie und da warf er auf die bewaldeten Abhänge drüben, an denen der Nebel herumhing, einen Blick wie ein Gefangener auf die Wände seines Kerkers.

Zwischen diesem dumpfen Grübeln zählte er die Ausgaben der vier Reisetage von Wien bis Villach zusammen, die ihm jetzt außer allen Maßen groß erschienen, dann die Ausgabe für das zweite Pferd und den gestohlenen Betrag. Dann rechnete er die übrige Summe aus österreichischem in venezianisches Geld um: in Zechinen erschien sie ihm dürftig genug, aber in Dublonen gar so bettelhaft, daß er verzagt stehenblieb und vor sich hinsann, ob er umkehren sollte oder weiterreisen. Nach dem wie ihm zumute war, wäre er umgekehrt, aber das hätten die Eltern nicht vergeben: so viel Geld war ausgegeben und für nichts und wieder nichts. Er meinte zu fühlen, daß es den Eltern nicht um ihn ging und daß es ihm Freude machte, sondern um die Repräsentation und das Ansehen. Die Gesichter der Bekannten und Verwandten tauchten ihm auf, es waren hämische und aufgeblasene darunter und gleichgültige und auch freundliche, aber nicht eines, bei dem ihm die Brust weiter geworden wäre.

Der Großvater Ferschengelder fiel ihm ein, der Andreas geheißen hatte wie er, und wie der einst einmal vom väterlichen Hof weg die Donau hinab gegen Wien marschiert war, mit nicht mehr als einem Silbersechser im Schnupftuch und es zum kaiserlichen Leiblakai und zum »Edlen von« brachte. Es war ein schöner Mann gewesen, und der Andreas, hieß es, hätte von ihm die Statur, aber bei weitem nicht das Auftreten. Der Vorwurf fiel ihm ein, vom Großvater, auf dem der Stolz der Familie ruhte, habe er wenig an sich, aber der Onkel Leopold schlage ihm ins Genick. Der sei auch als Kind grausam gegen die Tiere gewesen und habe sich dann zu einem gewalttätigen unglückseligen Menschen ausgewachsen, der das Vermögen verringerte, die Familienehre nicht zu wahren wußte und über alle, die mit ihm zu tun hatten, nichts als Kummer und Beschwerden brachte.

Die stämmige Figur des Onkel Leopold stand vor ihm, das rote Gesicht, die kugeligen Augen; er sah ihn aufgebahrt auf dem Totenbett liegen, und das Ferschengelderwappen, auf ein Holz gemalt, lehnte zu Füßen des Bettes. Bei der einen Tür, die der Bediente aufriß, trat die kinderlose rechte Frau herein, die geborene della Spina, ein Taschentuch in ihren schönen vornehmen Händen, bei der anderen halb offenen Tür drückte sich die andere, illegitime herein, die bäurische mit dem runden Gesicht und dem hübschen Doppelkinn, hinter der ihre sechs Kinder einander bei der Hand hielten und ängstlich an der Mutter vorbei auf ihren toten Herrn Vater hinschauten. – Und wie es Betrübten und Verfinsterten zu gehen pflegt, in der Erinnerung beneidete Andreas den Toten.

Im Herabgehen fing er wieder zu rechnen an, um wieviel das Ferschengelderische Anteil sich geschmälert hatte, er rechnete nach, welchen Teil vom jetzigen Jahreseinkommen seine Reise verschlinge, und machte sich hypochondrische Gedanken. Am Mittagstisch fand er seinen Platz bereit, aber zuoberst saß heute die alte weißhaarige Magd und teilte aus, nicht nur der Bauer fehlte, auch die Bäuerin und Romana. Andreas war, er habe es immer gewußt, und er fühlte, daß er Romana nicht mehr sehen werde. Er aß schweigend, die Dienstleute redeten untereinander, aber keiner berührte das Geschehnis der Nacht mit einem Wort. Nur daß der Bauer auf Villach geritten sei, um bei dem Gerichtshalter vorzusprechen, wurde erwähnt. Der Altknecht sagte, indem er aufstand, über den Tisch zu Andreas, der Bauer lasse ihm sagen, es sei möglich, daß der Fuhrmann auch erst morgen durchkäme, in diesem Fall möge sich Andreas so lange gedulden und vorliebnehmen.

Es war ein trüber, stiller Nachmittag. Andreas hätte was gegeben für einen einzigen Windstoß. Aus dem Nebel hatten sich große und kleine Wolken geballt, sie hingen da, regungslos, wie von Ewigkeit zu Ewigkeit. Andreas ging wieder den Pfad hinauf gegen das Dorf. Hinunterzugehen ekelte ihn, den Rückweg berghinauf, den Finazzerhof vor sich, hätte er nicht ertragen. Auf der anderen Talseite wußte er keinen Weg. Hätte er einen Gefährten gehabt, nur einen Bauernhund oder irgendein Tier. Das habe ich mir für alle Zeiten verwirkt, dachte er. Ihm kam kein anderer Gedanke als ein quälender. Er sah sich als zwölfjährigen Knaben, sah das Hündlein, das ihm zugelaufen war, ihm auf Schritt und Tritt folgte. Die Demut, mit der es in ihm, dem ersten Begegnenden, seinen Herrn erblickte, war unbegreiflich, die Freude, die Seligkeit, mit der es sich bewegte, wenn er es nur ansah. Meinte es, sein Herr zürne, so warf es sich auf den Rücken, zog die Beinchen angstvoll an sich, gab sich ganz preis, mit einem unbeschreiblichen Blick von unten her. Eines Tages sah es Andreas in der gleichen Stellung vor einem großen Hund, die er geglaubt hatte, es nehme sie einzig gegen ihn ein, um seinen Zorn zu beschwichtigen und sich seiner Gnade zu empfehlen. Die Wut stieg in ihm auf, er rief das Hündlein zu sich. Schon auf zehn Schritte wurde es seine zornige Miene gewahr. Und es kam kriechend heran, den zitternden Blick auf Andreas' Gesicht geheftet. Er schmähte es eine niedrige und feile Kreatur, unter der Schmähung kam es näher und näher. Ihm war, da habe er den Fuß gehoben und traf das Rückgrat von oben mit dem Schuhabsatz. Das Hündlein gab einen kurzen Schmerzenslaut und knickte zusammen, aber es wedelte ihm zu. Er drehte sich jäh um und ging weg, das Hündlein kroch ihm nach, das Kreuz war gebrochen, trotzdem schob es sich seinem Herrn nach wie eine Schlange, bei jedem Schritt einknickend. Er blieb endlich stehen, da heftete das Hündlein einen Blick auf ihn und verschied wedelnd. Ihm war unsicher, ob er es getan hatte oder nicht; – aber es kommt aus ihm. So rührt ihn das Unendliche an. Die Erinnerung war martervoll, trotzdem wandelte ihn ein Heimweh an nach dem zwölfjährigen Knaben Andreas, der das begangen hatte. Alles schien ihm gut, was nicht hier war, alles lebenswert außer der Gegenwart. Er sah unten einen Kapuziner die Straße wandeln. An einem Kreuz kniete er nieder. Wie wohl mußte dieser unbeschwerten

Seele sein. Er flüchtete mit seinen Gedanken in die Gestalt, bis sie ihm an einer Wendung der Straße entschwand. Dann war er wieder allein.

Das Tal war ihm unerträglich, er kletterte zum Wald empor. Zwischen den Stämmen war ihm wohler, feuchte Zweige schlugen ihm ins Gesicht, er sprang dahin, auf dem Boden unter ihm knackten morsche Äste. Er richtete seine Sprünge so ein, daß er sich jedesmal hinter starke Stämme verbarg, zwischen den Tannen waren schöne alte Laubbäume, Buchen und Ahorn, hinter jedem dieser versteckte er sich, dann sprang er weiter – endlich war er sich selber entsprungen wie einem Gefängnis. Er stürmte in Sprüngen dahin, er wußte nichts von sich als den Augenblick. Bald meinte er, er wäre der Onkel Leopold, der wie ein Faun im Wald sprang, einer Bauerndirn nach, bald, er wäre ein Verbrecher und ein Mörder wie der Gotthelff, dem die Häscher nachsetzten. Aber er verstand sich zu retten – ein Fußfall vor der Kaiserin ...

Auf einmal fühlte er, daß wirklich ein Mensch in der Nähe war, der ihn beobachtete. Auch das wurde vergällt! er duckte sich hinter einen Haselstrauch und blieb regungslos wie ein Tier. Der Mensch auf der kleinen Waldblöße, fünfzig Schritt vor ihm, spähte in den Wald hinein. Als er eine Weile nichts hörte, fuhr er in seiner Arbeit fort. Er grub. Andreas sprang ihn an, von Baum zu Baum. Wenn ein Zweig knackte, sah der draußen von seiner Arbeit auf, aber Andreas kam ihm schließlich ganz nah. Es war einer von den Knechten aus Castell Finazzer. Er begrub den Hofhund, warf dann die Erde wieder in das Grab, glättete es mit der Schaufel und ging weg.

Andreas warf sich auf das Grab und blieb lange liegen in dumpfen Gedanken. Hier! sagte er vor sich hin, hier! das viele Herumlaufen ist unnütz, man lauft sich selber nicht davon. Bald ziehts einen dorthin, bald zerrts einen dahin, mich haben sie diesen weiten Weg geschickt, endlich endet er auf irgendeinem Fleck, halt auf diesem! – Zwischen ihm und dem toten Hund war was, er wußte nur nicht was, so auch zwischen ihm und Gotthelff, der schuld an dem Tod des Tieres war, – andrerseits zwischen dem Hofhund und jenem anderen. Das lief alles so hin und her, daraus spann sich eine Welt, die hinter der wirklichen war, und nicht so leer und öd wie die. – Dann staunte er über sich: wo komme ich her? – und ihm war, da läge ein anderer, in den müßte er hinein, habe aber das Wort verloren.

Der Abend war eingefallen ohne einen Streifen Rot am Himmel, ohne irgendein Zeichen, in dem die Schönheit der wechselnden Tageszeit sich auswirkt. Aus den hängenden Wolken trat ein ödes schwärzliches Dunkel hervor, und es fing aus der Nebelluft still auf den Daliegenden zu regnen an. Ihn fror, er hob sich auf und ging hinab.

In seinem Traum der gleichen Nacht schien die Sonne, er ging tiefer und tiefer in den hohen Wald hinein und fand Romana. Der Wald leuchtete je tiefer je mehr, im mittelsten, wo alles am dunkelsten und leuchtendsten war, fand er sie sitzen auf einer kleinen Inselwiese, die von leuchtendem Wasser umronnen war. Sie war im Heuen eingeschlafen, Sichel und Rechen lagen nah bei ihr. Als er über das Wasser stieg, saß sie auf und sah ihn an, aber fremd. Er rief sie an: »Romana, siehst du mich?« – so leer ging ihr Blick. »O ja, freilich«, sagte sie mit einem sonderbaren Blick, »weißt du, ich weiß nicht, wo der Hund begraben liegt.« – Ihm war seltsam, er mußte lachen über ihre Rede, so witzig schien sie ihm. Sie ging ängstlich vor ihm zurück, übertrat sich mit den Füßen ins aufgehäufte Heu und sank halb zu Boden, wie ein verwundetes Reh. Er war dicht bei ihr und fühlte, sie hielt ihn für den bösen Gotthelff und doch wieder nicht für den Gotthelff. Ganz sicher war auch ihm nicht, wer er war. Sie flehte zu ihm, er solle sie doch nicht nackt vor allen Leuten ans Bett binden und sich nicht davonmachen auf gestohlenem Pferd. Er faßte sie, er nannte sie zärtlich beim Namen, ihre Angst war gräßlich. Er ließ sie los, da rutschte sie auf den Knien ihm nach. »Komm nur wieder«, rief sie flehentlich, »ich gehe mit dir, und wärs unter den Galgen. Der Vater will mich einsperren, die Mutter hält mich, die toten Brüder und Schwestern wollen sich auch anhängen, aber ich mache mich los, ich lasse sie alle und komme zu dir.« Er wollte zu ihr, da war sie verschwunden.

Verzweifelnd stürzte er in den Wald, da kam sie ihm entgegen, zwischen zwei schönen Ahornbäumen, fröhlich und freundlich, als wäre nichts geschehen. Ihre Augen leuchteten seltsam, ihre nackten Füße glänzten auf dem Moos und der Saum ihres Rockes war naß. »Was bist du denn für eine«, rief er ihr staunend entgegen. – »So eine halt«, sagt sie und hält ihm den Mund hin, »nein, so eine«, ruft sie, wie er sie umfassen will, und schlägt mit dem Rechen nach ihm. Sie traf ihn an der Stirn, es gab einen scharfen hellen Schlag wie gegen eine Glasscheibe – er fuhr auf und war wach.

Er wußte, daß er geträumt hatte, aber die Wahrheit in dem Traum durchfuhr ihn mit Glück bis in die letzte Ader. Romanas ganzes Wesen hatte sich ihm angekündigt mit einem Leben, das über der Wirklichkeit war. Alles Schwere war weggeblasen. In ihm oder außer ihm, er konnte sie nicht verlieren. Er hatte das Wissen, noch mehr, er hatte den Glauben, daß sie für ihn lebte. Er trat in die Welt zurück wie ein Seliger. Ihm war, sie stand vielleicht unten, hatte einen Stein an die Glasscheibe geworfen, ihn dadurch geweckt. Er lief ans Fenster, da war ein Sprung in der Scheibe, im Fensterrahmen lag ein toter Vogel. Er ging langsam zurück, den Vogel in der Hand, den er auf sein Kopfkissen legte. Der kleine Leichnam durchströmte seinen Puls mit Wonne, ihm war, er hätte leicht dem Tier das Leben zurückgeben können, wenn er es nur an sein Herz genommen hätte. Er saß auf dem Bette in tausend strömenden Gedanken: er war glücklich. Sein Leib war ein Tempel, in dem Romanas Wesen wohnte, und die verrinnende Zeit umflutete ihn und spielte an den Stufen des Tempels. –

Im Haus war zuerst alles still im grauenden Morgen, und der Regen fiel. Als er aus seiner träumenden Entrücktheit hervorstieg, war es hoch am Tag und hell. Im Haus war alles geschäftig. Er ging hinunter, ließ sich ein Stück Brot geben und trank am Brunnen. Er strich im Haus herum, niemand beachtete ihn. Wo er ging und stand, war ihm wohl: seine Seele hatte einen Mittelpunkt. Er aß mit den Leuten, der Bauer war noch nicht zurück, von der Bäuerin und Romana redete niemand. Nachmittags kam der Fuhrmann, er war bereit, Andreas mitzunehmen, aber nach dem Gang seiner Geschäfte mußte er noch vor Abend aufbrechen; übernachten würden sie im nächsten Dorf talab.

Ein frischer Wind blies zum Tal herein, schöne große Wolken zogen querüber, und draußen gegens Land war es leuchtend hell. Ein Knecht trug den Mantelsack und das Felleisen hinunter zum Wagen, Andreas folgte ihm. Unten an der Treppe kehrte er wieder um, und eine Stimme sagte ihm, jetzt stünde Romana wartend oben in seinem leeren Zimmer. Als er über die Schwelle trat und sie nicht da war, konnte er es kaum begreifen, er sah in alle Ecken, als könnte sie sich in der getünchten Wand verborgen haben. Mit gesenktem Kopf ging er wieder hinunter. Unten stand er lange unschlüssig und horchte: draußen redeten die Knechte, die dem Fuhrmann einspannen halfen. Andreas fühlte ein Engerwerden um die Brust. Ohne seinen Willen trugen ihn die Füße in den Stall. Der Braun stand da und fraß mit trübseligem Gesicht und zurückgelegten Ohren, ein paar von den Bauernpferden drehten sich in ihrem Stand nach dem Eintretenden um. Andreas stand eine unbestimmte Zeit in dem dämmernden Raum und horchte auf ein Zwitschern – da fuhr durch das kleine vergitterte Fenster ein goldener Strahl schräg hindurch bis gegen die Stalltür und blieb so, eine Schwalbe glitt aufleuchtend hindurch, und hinter ihr Romanas Mund, offen, feucht und zuckend vor unterdrücktem Weinen. Kaum begriff er, daß sie jetzt leibhaftig vor ihm stand; aber er begriff es doch, und die Überfülle lähmte alle seine Glieder. Sie war bloßfüßig, die Zöpfe hinunterhängend, als wäre sie aus dem Bett gesprungen, zu ihm gelaufen. Er konnte und er wollte nicht fragen, nur seine Arme hoben sich ihr halb entgegen. Sie kam nicht auf ihn zu, sie wich ihm auch nicht aus, sie war ihm so nah, als wäre sie in ihm, dabei schien es wieder, als sähe sie ihn gar nicht. Jedenfalls blickte sie ihn nicht an; auch er tat nichts, um sich ihr zu nähern. Aus ihrem Mund wollte ein Wort hervor, aus ihren Augen die Tränen. Sie riß unablässig an ihrer dünnen silbernen Halskette, als ob sie sich erdrosseln wollte, und entzog sich ihm dabei völlig; es war, als ob der Schmerz jetzt mit ihr ein Spiel spielte, darüber sie die Nähe Andreas' gar nicht fühlte. Endlich riß die Kette, ein Stück glitt ihr ins offene Hemd, das andere blieb ihr in der Hand. Dieses drückte sie Andreas von oben her auf den Handrücken, ihr Mund zuckte, als müßte ein Schrei heraus und könnte nicht, sie lehnte sich gegen ihn, ihr Mund, der feucht und zuckend war, küßte den seinen – da war sie davon.

Das Stück silberne Kette war von Andreas' Hand hinabgeglitten. Er hob es aus dem Stroh – er wußte nicht, sollte er ihr nach, alles ging in der Welt vor und zugleich mitten in seinem Herzen, wo noch nie ein Fremdes ihn durchschnitten hatte, – da hörte er, die draußen suchten ihn, wer wurde nach ihm die Treppe hinaufgeschickt. Nun mußte sich alles entscheiden. Jetzt alles umstoßen, dachte er blitzschnell, sagen, ich bleibe da, das Gepäck abnehmen lassen, die Knechte bedeuten, ich habe mich anders besonnen? Wie war denn das möglich? und wie konnte er vor den Finazzer, auch nur vor die Bäuerin hintreten? mit welcher Rede, mit was an Begründung? Wer hätte er sein müssen, um sich eine solche Handlungsweise zu erlauben und sich dann in einer solchen blitzartig veränderten Lage zu behaupten?

Er saß schon auf dem Frachtwagen, die Pferde zogen an, er wußte nicht wie. Eine Zeit muß vergehen, hierbleiben kann ich nicht, aber wiederkommen kann ich, dachte er, und bald, als der Gleiche und als ein Anderer. Er fühlte die Kette zwischen seinen Fingern, die ihn versicherte, daß alles wirklich war und kein Traum.

Der Wagen rollte bergab, vor ihm war die Sonne und das erleuchtete weite Land, hinter ihm das enge Tal mit dem einsamen Gehöft, das schon im Schatten lag. Seine Augen sahen nach vorn, aber mit einem leeren kurzen Blick, die Augen des Herzens schauten mit aller Kraft nach rückwärts. Die Stimme des Fuhrmannes reißt ihn aus sich, der mit der Peitsche nach oben zeigte, wo in der reinen Abendluft ein Adler kreiste. Nun wurde Andreas erst gewahr, was vor seinen Augen lag. Die Straße hatte sich aus dem Bergtal herausgewunden und jäh nach links hingewandt; hier war ein mächtiges Tal aufgetan, tief unten wand sich ein Fluß, kein Bach mehr, dahin, darüber aber jenseits der mächtigste Stock des Gebirges, hinter dem, noch hoch oben, die Sonne unterging. Ungeheure Schatten fielen ins Flußtal hinab, ganze Wälder in schwärzlichem Blau starrten an dem zerrissenen Fuß des Berges, verdunkelte Wasserfälle schossen in den Schluchten hernieder, oben war alles frei, kahl, kühn emporsteigend, jähe Halden, Felswände, zuoberst der beschneite Gipfel, unsagbar leuchtend und rein.

Andreas war zumut wie noch nie in der Natur. Ihm war, als wäre dies mit einem Schlag aus ihm selber hervorgestiegen: diese Macht, dies Empordrängen, diese Reinheit zuoberst. Der herrliche Vogel schwebte oben allein noch im Licht, mit ausgebreiteten Fittichen zog er langsame Kreise, der sah alles von dort, wo er schwebte, sah noch ins Finazzertal hinein, und der Hof, das Dorf, die Gräber von Romanas Geschwistern waren seinem durchdringenden Blick nahe wie diese Bergschluchten, in deren bläuliche Schatten er hinabäugte, nach einem jungen Reh oder einer verlaufenen Ziege. Andreas umfing den Vogel, ja er schwang sich auf zu ihm mit einem beseligten Gefühl. Nicht in das Tier hinein zwang es ihn diesmal, nur des Tieres höchste Gewalt und Gabe fühlte er auch in seine Seele fließen. Jede Verdunklung, jede Stockung wich von ihm. Er ahnte, daß ein Blick von hoch genug alle Getrennten vereinigt und daß die Einsamkeit nur eine Täuschung ist. Er hatte Romana überall – er konnte sie in sich nehmen wo er wollte. Jener Berg, der vor ihm aufstieg und dem Himmel entgegenpfeilerte, war ihm ein Bruder und mehr als ein Bruder. Wie jener in gewaltigen Räumen das zarte Reh hegte, mit Schattenkühle es deckte, mit bläulichem Dunkel es vor dem Verfolger barg, so lebte in ihm Romana. Sie war ein lebendes Wesen, ein Mittelpunkt und um sie ein Paradies, nicht unwirklicher, als dort jenseits des Tales sich entgegentürmte. Er sah in sich hinein und sah Romana niederknien und beten: sie bog ihre Knie wie das Reh, wenn es sich zur Ruhe bettet, die zarten Ständer kreuzt, und die Gebärde war ihm unsagbar. Kreise lösten sich ab. Er betete mit ihr, und wie er hinübersah, war er gewahr, daß der Berg nichts anderes war als sein Gebet. Eine unsagbare Sicherheit fiel ihn an: es war der glücklichste Augenblick seines Lebens.

Als er zu seinen Hausleuten herunterkam, fand er das Mädchen Zustina in eifrigem Handel mit einem kleinen Mann in mittleren Jahren, dessen Gesicht durch eine fast halbmondförmig gekrümmte Nase ein verwegenes und besonderes Aussehen erhielt, und der in einem baumwollenen Schnupftuch etwas in der Hand trug, wovon das Zimmer mit Fischgeruch erfüllt war. »Nein, es geht wirklich nicht, was Sie sich von den Leuten aufschwätzen lassen«, hörte er sie sagen. »Wenn es ein anderer Tag wäre, würde ich es vor der Mutter verantworten. Aber heute müssen Sie mir wieder herunter. Und vergessen Sie dann auch den Tapezierer nicht. Verhandeln Sie es mit ihm Punkt für Punkt, genau so wie ich gesagt habe. Tapezierer sind verschlagene Leute und ohne Gewissen, aber ein Mann, der sich auszudrücken versteht, wie Sie sind, muß jedem gewachsen sein. Die Ziehung ist genau eine Woche nach Mariä Geburt, also muß am Abend vorher der Altar geliefert sein. Fehlt das geringste, so wird ihm ein halber Silberdukaten abgezogen. Genau wie einen Fronleichnamsaltar will ichs haben, vorne eine Draperie mit Girlanden, und in die Mitte zwischen frischen Blumenarrangements kommt die Urne, aus der die Lose gezogen werden. Für die Aufstellung darf er nichts separat rechnen. Er hats ins Haus zu liefern, beim Zurichten und Dekorieren muß Zorzi helfen. Jetzt gehen Sie und richten es so aus, daß man Sie beglückwünschen muß, und lassen Sie mir Ihr Ausgabenbuch da, ich werde es durchsehen.«

Der Alte entfernte sich, als Andreas eintrat. »Da sind Sie ja«, sagte Zustina. »Ihr Gepäck liegt schon unten. Zorzi wird Leute holen, die es heraufschaffen. Dann wird er Ihnen ein gutes Kafeehaus zeigen und Sie, wenn Sie wollen, zu meiner Schwester begleiten, die sich sehr freuen wird, Ihre Bekanntschaft zu machen. – Zu solchen Diensten ist er gut«, setzte sie hinzu, »im übrigen ist es durchaus nicht nötig, daß Sie gleich Ihren Vertrauten aus ihm machen. Das ist übrigens Ihre

Sache, es gibt allerlei Menschen auf der Welt, und jeder muß sehen, wie er sich durchfindet. Ich sage, man muß die Welt nehmen wie sie ist.« Sie lief zum Herd, sah in der Röhre nach, begoß den Braten; ein paar Kleidungsstücke, die der Mutter und dem Bruder zu gehören schienen, verschwanden in einem großen Schrank. Sie jagte die Katze vom Speisebrett und besorgte einen Vogel, der im Fenster hing. »Eines wollte ich Ihnen auch sagen«, fuhr sie fort und blieb einen Augenblick vor Andreas stehen, »ich weiß nicht, ob Sie eine größere Summe Geldes bei sich haben oder einen Brief an einen Herrn Bankier. Wenn es das erstere ist, so geben Sie es einem Geschäftsfreund oder wen immer Sie hier in der Stadt kennen zum Aufheben. Nicht als ob es unehrliche Leute im Hause gäbe, aber ich will keine Verantwortung haben. Ich habe genug zu tun, das Haus in Ordnung zu halten, meine zwei Brüder zu unterrichten und für meinen Vater zu sorgen; denn meine Mutter ist meist auswärts beschäftigt. Auch können Sie denken, daß mir die Vorbereitung für die Lotterie Mühe und Denken genug kostet. Wie leicht beleidigt man … – Sie müssen entschuldigen, daß es uns nicht möglich ist, Ihnen ein Los anzubieten, obwohl Sie bei uns wohnen, aber Sie sind ein Fremder, und in einem solchen Punkt sind unsere Protektoren sehr genau. Der zweite Preis ist auch sehr anständig, es ist eine goldene emaillierte Dose; ich werde sie Ihnen zeigen, sobald der Juwelier sie abliefert.«

Sie rechnete unterweilen stehend das kleine Ausgabenbuch nach und bediente sich dazu eines winzigen Bleistifts, den sie in irgendeiner Locke ihres Toupets verborgen gehabt hatte; denn sie war frisiert wie zu einem Ball mit einem hohen Toupet und trug Tuchpantoffel, einen Taffetrock mit Silberspitzen, oben aber eine karierte Hausjacke, die ihr viel zu weit war und den reizenden schlanken, aber gar nicht kindlichen Hals völlig zeigte. Ihre Augen gingen unterm halbblauten Rechnen, mit dem sie ihre Rede unterbrach, bald auf Andreas, bald auf den Herd, bald auf die Katze. Auf einmal schoß ihr etwas durch den Kopf, sie flog ans Fenster, bog sich weit hinaus und rief durchdringend hinunter: »Graf Gasparo! Graf Gasparo! Hören Sie mich noch! Ich möchte Ihnen noch etwas sagen.«

»Hier bin ich«, sagte der Herr mit der Hakennase und den Fischen und trat unvermutet durch die Tür ins Zimmer. »Was schreist du nach mir durchs Fenster? – hier stehe ich«, und er wandte sich zu Andreas: »ich habe soeben unten erst vernommen, daß Sie der ansehnliche

junge Fremde sind, den ich die Ehre habe, als meinen Gast zu begrü-
ßen. Ich wünsche Ihnen und uns, es möge Ihnen unter unserem bescheidenen Dache wohlergehen. Sie bewohnen die Zimmer meiner
Tochter Nina. Sie kennen sie noch nicht, und so können Sie den Beweis
der Hochschätzung und des Vertrauens noch nicht ermessen, den wir
Ihnen geben, indem wir dieses Appartement zu Ihrer Verfügung stellen.
Das Zimmer eines solchen Menschen ist wie das Kleid eines Heiligen,
an dem Kräfte haften. Was immer Sie in dieser Stadt erleben werden
– und Sie sind hergekommen, um Erlebnisse und Erfahrungen zu
sammeln –, in diesen Wänden wird die Ruhe des Gemüts und das
Gleichgewicht der Seele Ihnen zurückkehren. Die Luft selber in diesen
Zimmern atmet, wie soll ich sagen, eine unüberwindliche Tugend.
Lieber zu sterben als diese Tugend zu opfern, war der eherne Vorsatz
meines Kindes. Ich, mein Herr«, er berührte Andreas mit seiner Hand,
die weiß und außerordentlich wohlgeformt, nur zu klein für einen
Mann und dadurch unerfreulich war, »war weder imstande, meine
Tochter in einer solchen Gesinnung zu bestärken, noch sie dafür zu
belohnen. Ich bin eine gescheiterte Existenz, herabgestürzt in Stürmen
von der Höhe meiner Familie.« Er trat zurück und ließ die Hand mit
einer unnachahmlichen Gebärde sinken. Mit einer Verneigung verließ
er das Zimmer.

Zustinas Gesicht strahlte vor Bewunderung über die Rede des Grafen.
Wirklich war die Art, wie er die wenigen Sätze vorgebracht hatte, ein
Meisterwerk von Anstand und Abstufung: Würde mischte sich in ihr
mit Menschlichkeit, Ernst und Erfahrung war durch Zutrauen gemildert.
Der Ältere sprach zum Jüngeren, der Hausherr zu seinem Gast, der
vom Leben geprüfte Greis väterlich zum ungeprüften Jüngling und ein
venezianischer Edelmann zum Edelmann: – das alles war darin. »Was
sagen Sie dazu, wie mein Vater sich ausdrückt?« fragte sie. Über dem
aufrichtigen und kindlichen Vergnügen, das sie empfand, schien sie
vergessen zu haben, daß sie den Vater um irgendeiner Sache willen
zurückgerufen hatte. »So findet er in jeder Lage«, rief sie mit leuchtenden Augen, »das richtige Wort. Er hat viel Unglück gehabt und viele
Feinde, aber seine großen Talente kann ihm niemand abstreiten.« War
sie früher quecksilbern und eifrig gewesen, aber dabei trocken, so war
sie nun erst ganz belebt von innen heraus, ihre Augen leuchteten, und
ihr Mund bewegte sich mit einem unbeschreiblichen, kindhaften Eifer.

Etwas in ihr ließ an ein Eichhörnchen denken, doch war sie eine resolute brave kleine Frau.

»Nun kennen Sie also auch meinen Vater, und ehe eine Stunde vergeht, werden Sie meine Schwester kennenlernen und sicher auch einige ihrer Freunde. Der vornehmste darunter ist der Herzog von Camposagrado, der spanische Gesandte. Er ist ein so großer Herr, daß, wenn der König von Spanien mit ihm spricht, so setzt er seinen Hut auf. Erschrecken Sie nicht, wenn Sie ihn sehen, er sieht aus wie ein wildes Tier, aber er ist ein sehr großer Herr. Da hat sie einen unter ihren Freunden, der mir selbst gefiele, – aber wozu von mir sprechen. Es ist ein österreichischer Hauptmann, ein Slawonier, das heißt, er besitzt ein österreichisches Hauptmannspatent und hat Privilegien, die Vieheinfuhr für ungarische und steirische Ochsen über Triest, ein schönes Geschäft, und er ist auch ein schöner Mann und in Nina verliebt über alle Begriffe. Denken Sie, daß er nie von Tisch aufsteht ohne auf ihr Wohl zu trinken und daß er dann jedesmal sein Glas durch die Scheiben in den Kanal oder gegen die Mauer wirft, wenn es aber ein besonderer Tag ist, so zerschlägt er in der gleichen Weise alles Glas was auf dem Tisch ist, und alles Nina zu Ehren. Natürlich bezahlt er dann die Gläser. Ist das nicht eine Bestialität? – aber in seinem Land ist das größte Höflichkeit. Er ist ein großer Spieler – nun, Sie werden ihn selbst kennenlernen und werden leben wie die andern. Wäre er mein Mann, würde ich ihms schon abgewöhnen. Eines aber«, fuhr sie fort und sah ihn ernsthaft und wichtig an, mit einem reizenden Ausdruck, »wenn Sie Händel bekommen, Mißverständnisse, Zank und Streit, so setzen Sie Ihren Willen durch. Lassen Sie sich nicht durch Tränen herumkriegen, weder durch die Tränen von Weibern noch von Männern. Das ist eine läppische Schwachheit, die ich nicht leiden kann. Aber ich spreche nicht von Ninas Tränen. Ninas Tränen sind echt wie Gold. Wenn sie weint, da ist sie wie ein kleines Kind. Man hat nicht das Herz, ihr zu versagen, was sie sich wünscht, denn sie hat ein zehnmal besseres Herz als ich, obwohl sie schon einundzwanzig ist und ich noch nicht sechzehn. Aber was kann das Sie interessieren«, setzte sie mit einem schelmischen Blick hinzu, indem sie den Vogel am Fenster versorgte, »mich über mich reden zu hören – dazu sind Sie nicht nach Venedig gekommen. Gehen Sie hinunter, Zorzi wird unten stehen und auf Sie warten.«

Andreas war schon auf der Treppe, als sie ihm nachkam. »Noch eins – es ist mir nur so durch den Kopf gegangen. Sie sehen gutmütig aus, und einen Guten muß man beim ersten Schritt warnen. Lassen Sie sich niemals von einem andern Wechsel zum Akzeptieren aufschwätzen, wenn er Ihnen auch zur Deckung andere zugleich anbietet, die vor den seinigen fällig sind, –niemals, verstehen Sie mich.« Einen Augenblick legte sie ihre Hand leicht auf Andreas' Arm – es war ganz die gleiche Gebärde, die vorhin der Vater gehabt hatte, aber wie wahr ist das Sprichwort, wenn zwei dasselbe tun, ist es nicht dasselbe. Es war eine so reizende kleine Hand und die mütterliche, frauenhafte Gebärde bezaubernd. – Sie war schon wieder drin, und als Andreas die Treppe hinabging, hörte er sie auf der andern Seite durchs Fenster Zorzi zurufen.

»Ist sie nicht eine allerliebste kleine Frau«, sagte Zorzi, der unten stand, als hätte er erraten, womit sich Andreas' Gedanken beschäftigten. – »Aber was hat es mit der Lotterie auf sich«, fragte Andreas nach den ersten Schritten, »wer gibt die Preise aus, und was hat die Familie damit zu schaffen? es sieht ja aus, als wären sie selber die Veranstalter.« Der Maler antwortete nicht sogleich. »Das sind sie auch«, sagte er, indem er seine Schritte an einer Straßenecke verlangsamte und Andreas an sich herankommen ließ. »Warum soll ich es Ihnen nicht sagen? die Lotterie geht in einem kleinen Kreise von vornehmen und reichen Herren vor sich, und der erste Preis ist die Kleine selber.« – »Wie, sie selber?« – »Nun, ihre Jungfernschaft, wenn Sie ein anderes Wort wollen. Sie ist ein gutes Geschöpf und hat sich in den Kopf gesetzt, ihren Leuten aus dem Elend zu helfen. Sie sollten hören, wie schön sie über die Sache redet und welche Mühe sie sich mit der Subskription gegeben hat. Denn bei ihr muß alles nett und ordentlich zugehen. Ein großer Herr, der ein alter Gönner der Familie ist, hat das Protektorat übernommen«, hier dämpfte er die Stimme, »– es ist der Patrizier Herr Sacramozo, der zuletzt Gouverneur von Korfu war. Ein Los kostet nicht weniger als vierundzwanzig Zechinen, und es ist kein Name auf die Subskriptionsliste gesetzt worden, der nicht von Herrn Sacramozo gebilligt worden wäre.«

Andreas war plötzlich heftig errötet, so daß die Sehkraft seiner Augen durch ein Flimmern geschwächt war und er über einen zertretenen Paradeisapfel, der vor seinen Füßen lag, fast ausgeglitten wäre. Der andere sah ihn im Gehen von der Seite an. »Eine solche Sache«, fuhr er fort, »kann sich im Kreis von vornehmen Leuten abspielen, und die den Anstand haben, nichts davon verlauten zu lassen; andernfalls würde die Behörde sich dreinmischen. So wird von den hiesigen Herren nicht gern ein Fremder in eine Verabredung dieser Art hineingezogen. Wenn Ihnen aber sehr viel daran liegt, so will ich mir Mühe geben, und vielleicht kann ich Ihnen indirekt ein Los verschaffen, ich meine in der Weise, daß einer der Subskribenten Ihnen gegen eine Abfindung, die nicht wenig sein wird, seine Chance abtritt, ohne daß Ihr Name genannt wird.« Andreas wußte nicht, was er antworten sollte, und ging schnell auf etwas anderes über, indem er sein Erstaunen darüber aussprach, daß die ältere Tochter keinen besseren Weg wüßte, ihrer Familie beizuspringen, und es der kleinen Schwester überließ, sich in dieser ungewöhnlichen Weise aufzuopfern.

»Nun, etwas so Ungewöhnliches ist es ja nicht, was sie tut«, erwiderte der andere, »und von Nina ist nicht viel zu erwarten, das weiß die Kleine selber am besten. Nina ist keine Wirtschafterin, und was Sie ihr heute schenken, zergeht ihr morgen zwischen den Fingern. Sie ist eine Schönheit, aber an Kopf kann sie sich mit Zustina nicht messen. Schaun Sie wie sie ist: einmal will ich ihr einen reichen vornehmen Herrn aus Wien vorstellen, den Grafen Grassalkowicz, – der Name wird Ihnen nicht fremd sein. Und Sie werden wissen, was es bedeutet, die Bekanntschaft dieses Herrn zu machen, der, wie Sie wissen, zwei Palais in Wien und eins in Prag hat, und dessen Güter in Kroatien so groß sind als der ganze Besitz der Republik. ›Wie heißt der Mensch‹, sagt sie und läßt sich den Namen wiederholen, dabei zieht sie die Nasenflügel nach oben; wenn sie das tut, ist bei ihr nichts zu machen, so wenig wie bei einem stützigen Pferd. ›Der Name‹, sagt sie, ›klingt wie ein recht gemeiner Fluch, und wie der Name, so wird auch der Träger sein. Führe ihn wohin du willst, ich mag nichts von ihm wissen.‹ Da haben Sie die ganze Nina.«

Andreas dachte, es sei keine so ungewöhnlich große Auszeichnung, als er bisnun angenommen hatte, durch diesen Freund bei Fräulein Nina eingeführt zu werden, aber er behielt seine Gedanken bei sich.

Sie waren auf einem freien Platz angekommen: vor einer kleinen Kaffeebutik standen im Freien hölzerne Tischchen und Strohstühle; an einem schrieb ein Herr, der ganz in Schwarz gekleidet war, Briefe. An einem andern saß ein plumper Mann mit bläulicher Rasur in mittleren Jahren, der einen fremdartigen langen Rock mit Verschnürung trug, und hörte in bequemer Stellung und mit unbewegter Miene einem jungen Mann zu, der in ihn hineinredete, dabei nicht wagte, seinen Stuhl an den Tisch zu ziehen, ja sich kaum wirklich niederzusitzen getraute, daß Andreas ihn nicht ansehen konnte, ohne Mitleid und Unruhe zu spüren.

»Sehen Sie dort die zwei«, flüsterte Zorzi und schob die Schokolade an sich, die Andreas für ihn hatte kommen lassen. »Es ist ein reicher Grieche und sein Neffe. Der Alte ist Millionär und der arme Bursch sein einziger Verwandter. Aber er ist mit ihm unzufrieden, weil der Junge gegen seinen Willen geheiratet hat, und er erlaubt ihm nicht einmal, sein Haus zu betreten. Dem Jungen geht das Wasser bis an den Hals, und er ist in den Händen von jüdischen und christlichen Wucherern und läuft dem Onkel auf Schritt und Tritt nach. Sehen Sie unauffällig hin: der Alte würdigt ihn kaum eines Blickes, geschweige denn einer Antwort. Er raucht und läßt ihn reden – bemerken Sie, wie der unglückselige Bettler sich krümmt, nichts von dem Rauch mitzu- rauchen. Und nach einer Weile, merken Sie auf, – er wird seinen Kaffee zahlen und fortgehen, am Schluß wird der Junge vor ihm auf die Knie fallen, der Alte wird so wenig darauf achten, als wenn es ein Hund wäre. Er wird sich an sein Gewand hängen, der Alte wird ihn abschütteln und seines Weges gehen, als wenn er allein wäre. Dasselbe Schauspiel können Sie mehrmals im Tag sehen, morgens vor der Börse, hier, und abends auf der Riva. Ist es nicht unterhaltend, wie bestialisch die Menschen einander mitspielen und wie beharrlich sie in ihrer Bosheit sein können!«

Andreas hörte kaum zu, so sehr beschäftigte ihn die Erscheinung des schreibenden Herrn. Es war ein überlanger, schmaler Körper, der sich schreibend über das kleine Tischchen bog, unter welchem die langen Beine keinen Platz fanden als durch Bescheidenheit, überlange Arme, die sich notdürftig unterbringen konnten, überlange Finger, die den schlechten, ächzenden Federkiel führten. Die Stellung war unbe- quem und beinahe lächerlich, aber nichts hätte das Wesentliche des Mannes schöner enthüllen können als diese Unbequemlichkeit und wie er sie ertrug, besiegte, ihrer nicht gewahr wurde. Er schrieb hastig, die Zugluft zerrte an dem Blatt, er hätte müssen ungeduldig sein, und doch war eine Beherrschung in allen seinen Gliedern, eine – so seltsam das Wort klingen mag – Verbindlichkeit gegen die toten Gegenstände, die ihm so mangelhaft zu Dienst standen, ein Hinwegsehen über die

Unbequemlichkeit der Lage, das unvergleichlich war. Ein starker Luftzug warf eines der Blätter zu Andreas hinüber. Andreas fuhr auf und beeilte sich, dem Fremden das Blatt zu reichen, der sich selbst ohne Hast seitlich gebückt hatte, mit einer halben Neigung das gereichte in Empfang nahm, wobei Andreas der Blick seiner dunklen Augen traf, die ihm schön schienen, obwohl sie in einem Gesicht saßen, das niemand für schön halten konnte. Der Kopf war bei weitem zu klein für die Gestalt und die gelbliche, etwas leidende Miene so seltsam verzogen, daß Andreas der ungereimte Gedanke an das vertrocknete Gesicht einer toten Kröte durch den Sinn fuhr.

Er hätte mögen viel von diesem Manne wissen – aber gerade nichts durch Zorzi, der sich zu ihm herüberlehnte und ihm zuwisperte: »Ich werde Ihnen sagen, wer das ist, sobald er weggegangen ist. Ich will jetzt den Namen nicht nennen. Er ist der Bruder eben – des großen Herrn, den ich Ihnen vorhin als Protektor der Familie, bei der Sie wohnen, genannt habe. Sie verstehen mich, als den, unter dessen Ägide die Lotterie vor sich geht. Es ist ein Malteser«, fuhr er dann fort, hielt aber sogleich inne, als der Schreibende den Kopf hob, »– trägt aber, wie Sie sehen, auf seinen Kleidern nicht das Kreuz, das zu tragen er nicht nur berechtigt, sondern auch verpflichtet ist. Er hat große Reisen gemacht, man sagt, er sei im Innersten von Ostindien oder gar an der Chinesischen Mauer gewesen, und soll nach den Reden der einen im Dienst der Jesuiten stehen, nach den andern nicht viel anderes als ein Freimaurer sein.«

Der reiche Grieche und sein bettelarmer Neffe standen auf – die plumpe Herzenshärte des einen, die hündische Demut des anderen waren abscheulich. In beiden schien die Menschennatur entwürdigt. Für Andreas war es außer der Begreiflichkeit, daß ein so gemeines Schauspiel sich in solcher Nähe eines Wesens, wie der Ritter ihm dünkte, abspielen konnte; ja als nun beide gegeneinander, in einer Art von Fauchen der eine und Winseln der andere, ihre Stimmen erhoben, meinte er dazwischenspringen und sie mit dem Stock zur Ruhe bringen zu müssen. Einen Augenblick sah der Malteser auf, aber er blickte über die beiden Menschen hinweg, als wären sie nicht da, und nickte, im Aufstehen den Brief verschließend, einem jungen Burschen zu, der nun vorsprang und mit einer Verbeugung den Brief in Empfang nahm und damit abging, indessen der Ritter sich nach der anderen Seite entfernte.

Als er um die Ecke verschwunden war, schien Andreas der Platz verödet. Zorzi bückte sich und brachte unter dem Tisch ein gefaltetes Briefblatt hervor: »Da hat uns der Wind etwas von der Korrespondenz des Herrn Ritter Sacramozo unter die Füße geworfen«, sagte er, »entschuldigen Sie mich für einen Augenblick, ich will dem Ritter es nachtragen.« – »Lassen Sie mich es ihm zurückgeben«, fuhr es aus Andreas' Mund; ihm war, als hätte seine Zunge es aus eigener Macht gesagt, und schon hatte er das Blatt angefaßt. Ihm lag unendlich an der Erfüllung dieses Wunsches, er zog das Papier dem andern aus den Fingern und lief in einem engen Gäßchen hinter dem Malteser drein.

Es war mehr als Grazie, eine wahre unnachahmliche Vornehmheit, mit der der Ritter ihn anhörte und das Blatt entgegennahm, und Andreas glaubte niemals eine wunderbarere Übereinstimmung zwischen der Haltung eines Menschen und dem Klang seiner Stimme wahrgenommen zu haben. Die Worte »Sie sind sehr freundlich, mein Herr«, kamen deutsch und in der besten Aussprache von seinen Lippen. Sein herzenswarmes und zugleich seelenvolles Gesicht schien eine tiefe, aus der Seele dringende Freundlichkeit auszudrücken. In der Spanne eines Augenblickes fühlte sich Andreas mit Wohlwollen empfangen, in eine jede Fiber seines Wesens erhöhende Atmosphäre aufgenommen und wieder verabschiedet. Er stand vor dem Fremden wie entseelt, sein Körper kam ihm plump und seine Haltung bäurisch vor. Aber jedes Glied seines Körpers wußte um jedes Glied und führte das Bild der hohen, in nachlässiger Bestimmtheit, in herablassender Verbindlichkeit sich leicht gegen ihn neigenden Gestalt ins Innere, wie eine Flamme auf Flamme bebte.

Er ging zurück und war schon in sich dumpf bemüht, den Ausdruck dieser Augen, den Klang dieser Stimme festzuhalten, als wäre es für die Ewigkeit ein Verlorenes, – fragte sich: hab ich den schon früher gesehen? wie könnte mir sonst das Bild im Augenblick so tief eingedrückt sein? von mir selbst kann ich über ihn erfahren! – Wie staunte er aber, als er einen schnell und leicht ihm nacheilenden Schritt mehr fühlte als hörte, der kein anderer als der des Maltesers sein konnte, als er sich eingeholt sah und ihm mit der gleichen einnehmenden Stimme in der verbindlichsten Weise bedeutet wurde, er müsse sich geirrt haben. »Der Brief, den Sie so gütig waren, mir zu geben, ist weder von meiner Hand, mein Herr, noch ist er an mich gerichtet. Er muß Ihnen selbst gehören – jedenfalls muß ich Sie bitten, darüber zu verfügen!«

Andreas war verlegen und verwirrt, einige undeutliche Gedanken kreuzten sich in ihm, die Furcht, zudringlich zu erscheinen, durchfuhr ihn wie eine heiße Nadel. In der Verwirrung schien es ihm leichter, welches Bestimmte immer zu sagen, als etwas Unbestimmtes, für das er niemals die Wendung gefunden hätte, – er errötete über eine unbeherrschte Gebärde seiner Hände, die schon nach dem Briefblatt wieder gegriffen hatten; um so entschiedener beteuerte er nun, daß der Brief ganz sicher nicht ihm gehöre, er in keiner Weise darüber zu verfügen habe. Die Miene, mit welcher der Malteser sich sogleich zufrieden gab, war mehr die eines Mannes, der sich unter keiner Bedingung aufdrängt, als die eines von einem Irrtum Überzeugten, und der unmerkliche Schimmer eines Lächelns überflog sein Gesicht oder nur seine Augen, als er nochmals mit Verbindlichkeit grüßte und sich abkehrte.

»Es ist Zeit«, rief Zorzi, »wenn Sie wünschen, die schöne Nina heute kennenzulernen. Sie wird auf sein und, wenn wir Glück haben, noch keinen Besuch bei sich haben. Später fährt sie aus, oder sie hat ihre Freunde zu Tisch. – Nun«, fragte er im Gehen, »haben Sie die Bekanntschaft des Ritters gemacht und ihm seinen Brief zurückgegeben? Denken Sie, der Narr schreibt täglich zwei und drei solche Briefe von zehn Seiten an ein und dieselbe Person, und dabei sieht er sie fast jeden Tag und ist trotz allem, glaub ich, nicht einmal ihr Liebhaber. Denn sie ist eine Halbnärrin und liegt entweder krank im Bett oder auf ihren Knien in irgendeiner Kirche. Sie hat weder einen Mann noch einen Verwandten. Der Ritter ist der einzige Mensch, der zu ihr kommt, und da sie nicht unter die Leute geht, hat er nicht einmal den Spaß, für ihren Kavalier zu gelten. Dabei versteckt er aber die Geschichte vor jedermann, als ginge es um ein junges Mädchen oder eine Nonne.« – »Wie kommen Sie dazu, die Geheimnisse aller Leute zu wissen«, fragte Andreas verwundert. – »Ach, man erfährt allerlei«, gab der andere zurück, mit dem gleichen Lachen, das Andreas schon so mißfallen hatte, »– aber hier ist das Haus. Wir gehen einfach hinauf, oder warten Sie lieber eine Minute, ich springe hinauf und sehe, wie es steht und ob man Sie vorlassen will.«

Es verging nun eine Spanne Zeit, deren Dauer Andreas nicht hätte mit Sicherheit bestimmen können. Vielleicht blieb der Maler nur so lange aus, als es natürlicherweise bedurfte, um die Treppen hinaufzusteigen, sich selber anmelden zu lassen und einen Besuch anzukündigen, vielleicht hatte man ihn oben warten lassen, und es verfloß eine viel längere Zeit.

Andreas entfernte sich ein paar Schritte von dem Haus, durch dessen Tür Zorzi verschwunden war, und ging bis ans Ende der ziemlich engen Gasse. Sie endete in einem Schwibbogen, unter diesem aber führte seltsamerweise eine Steinbrücke über einen Kanal auf einen kleinen eiförmigen Platz hinüber, auf dem eine kleine Kirche stand. Andreas ging wieder zurück und war ärgerlich, daß er nun schon nach wenigen Minuten unter den ziemlich einfachen und gleichartigen Häusern das richtige nicht wiedererkennen konnte. Die Tür des einen, dunkelgrün, mit einem bronzenen Türklopfer in Gestalt eines Delphins, schien ihm die zu sein, durch welche Zorzi verschwunden war, doch war die Tür geschlossen und Andreas meinte jenen noch vor sich zu sehen, wie er durch eine offene Tür in einen Hausflur trat. Immerhin war keine Gefahr, daß sie einander verfehlten, wenn Andreas nochmals bis an die Brücke vorging und den kleinen Platz mit der Kirche in Augenschein nahm. Gasse und Platz waren völlig menschenleer, man mußte einen Schritt hören, geschweige einen Ruf oder wiederholte Rufe, wenn Zorzi ihn suchte. So überschritt er die Brücke; unter ihr hing auf dem dunklen Wasser eine kleine Barke angebunden, nirgend war ein Mensch zu sehen oder zu hören: der ganze kleine Platz hatte etwas Verlorenes und Verlassenes.

Die Kirche war aus Backsteinen, niedrig und alt; vorn gegen den Platz zu hatte sie einen Aufgang, der wenig zu ihr paßte: breite Stufen trugen eine Kolonnade aus weißem Marmor, einen antiken Giebel mit einer Inschrift. An den lateinischen Worten waren einzelne der vergoldeten Buchstaben groß. Andreas versuchte, sich daraus eine Jahreszahl zusammenzusetzen.

Als er die Augen wieder senkte, stand in beträchtlicher Entfernung von ihm, seitlich neben der Kirche, eine Frau, die ihn ansah. Er konnte sich nicht recht erklären, wo sie hergekommen war; aus einer Seitentür der Kirche konnte sie nicht wohl hervorgetreten sein, denn sie stand so, als wollte sie vielmehr auf die Kirche zu und wäre unschlüssig oder wie erschrocken über Andreas' Gegenwart stehengeblieben. Tritte eines den Platz Überschreitenden oder Herankommenden hatte er nicht gehört. Und er fand sich nachdenkend, ob sie zu ihrer anständigen einfachen Tracht Hausschuhe trug, die ihre Schritte lautlos gemacht hatten, und er verwunderte sich selbst, daß ihn dieser Gedanke beschäftigte. Denn es war doch nichts weiter als eine anscheinend junge Frau aus den bescheidenen Ständen, mit dem schwarzen Tuch über Kopf und Schultern, aus deren ziemlich blassem, aber wie es schien recht hübschem Gesicht zwei dunkle Augen allerdings mit sonderbarer, wenn die Entfernung nicht trog, ängstlicher Spannung unverwandt auf den Fremden gerichtet waren – mit der gleichen Spannung, das fühlte er, ob er sich nun das Ansehen gab, die Kapitelle der korinthischen Säulen zu betrachten, oder ob er den Blick erwiderte. Immerhin war kein Grund, hier zu verharren, und schon setzte er den Fuß auf die unterste Steintreppe und war nun aus dem Gesichtsfeld der Stehenden verschwunden.

Aber als er den schweren Vorhang hebend in die Kirche eintrat, so war die Frau zu gleicher Zeit durch eine Seitentür eingetreten und ging auf einen Betstuhl zu, der vorn gegen den Altar zu stand. Nun kam von ihr für Andreas der bestimmte Eindruck, es handle sich um eine durch Krankheit sei es am Leibe, sei es an der Seele bedrückte Frauensperson, welche hier im Gebete Linderung ihrer Leiden suche.

Er wünschte jetzt nichts anderes, als die Kirche so leise als möglich wieder zu verlassen, denn es schien ihm, die Frau sehe sich manchmal ängstlich nach ihm um, als nach einem ungewünschten Zeugen ihrer schmerzvollen Einsamkeit. Nun war in der Kirche, verglichen mit dem Platz, auf dem der grelle Sonnenschein lag, Halbdunkel; auch hing in der kühlen eingeschlossenen Luft noch ein wenig Weihrauchduft, und Andreas hielt seinen Blick, da er um alles nicht beobachten, sondern nur den Raum verlassen wollte, sicher nicht völlig scharf, nicht spähend auf die Betende gerichtet – aber abgesehen davon, das ist sicher, er hätte geschworen, sie habe sich nun mit gerungenen, flehentlich erhobenen Händen nicht gegen den Altar, sondern nirgend anders als gegen ihn hin gewandt, ja sich auf ihn zuzubewegen gestrebt, mit einer Hemmung aber, als wäre ihr Körper von den Hüften hinab mit schweren Ketten umwunden. Zugleich glaubte er ein Stöhnen, wenn auch leise, doch außer jeder Sinnestäuschung, deutlich gehört zu haben. Im nächsten Augenblick freilich mußte er wenn nicht die Gebärde, so doch jeden Bezug auf seine Person als Einbildung ansehen. Denn die Fremde war nun wieder in dem Betstuhl zusammengesunken und blieb völlig still.

Er tat lautlos die wenigen Schritte, die ihn vom Ausgang trennten, und bestrebte sich, den Vorhang so wenig zu heben, daß kein Strahl vom grellen Licht hineindringend die heilige Dämmerung, in welcher er die Bekümmerte zurückließ, verstörte. Dabei ging sein Blick unwillkürlich noch zum Betstuhl zurück, und was er nun wahrnahm, erstaunte ihn freilich so, daß er in den Falten des Vorhangs selber, und atemlos, stehenblieb: – dort saß jetzt, genau an der gleichen Stelle, eine andere Person, saß nicht mehr, sondern war im Betstuhl aufgestanden, kehrte dem Altar den Rücken und spähte auf Andreas hinüber, duckte sich nach vorn und sah sich dann wieder verstohlen nach ihm um. In ihrem Anzug unterschied sich diese Person nicht allzusehr von der früheren, welche sich mit einer fast unbegreiflichen Schnelle und Lautlosigkeit entfernt haben mußte. Auch die Neue trug sich in den gleichen bescheidenen dunklen Farben – so hatte Andreas auf dem Wege die kleinen Bürgersfrauen und Mädchen in einer anständigen Gleichförmigkeit sich kleiden sehen –, aber diese hier hatte kein Kopftuch. Ihr schwarzes Haar hing in Locken zu seiten des Gesichtes, und ihr Gehaben war von der Art, daß es nicht möglich war, sie mit dem gedrückten und bekümmerten Wesen zu verwechseln, dessen Platz sie plötzlich und geräuschlos eingenommen hatte. Es war etwas Freches und fast Kindisches in der Art, wie sie sich mehrmals unwillig umblickte und dann geduckt über die Schulter die Wirkung ihres zornigen Umblickens ausspähte. Sie konnte ebenso im Sinn haben, einen Neugierigen fortzuscheuchen als einen Gleichgiltigen neugierig zu machen, ja als sich Andreas nun wirklich wegwandte, um zu gehen, so war ihm, sie habe hinter seinem Rücken her mit offenen Armen ihm zugewinkt.

Er stand auf dem Platz, ein wenig geblendet, da kam jemand hinter ihm aus der Kirche herausgetreten und streifte mit schnellen Schritten so dicht an ihm vorbei, daß er den Luftzug fühlte. Er sah die eine Seite eines jungen blassen Gesichtes, das sich jäh von ihm abkehrte, die Locken flogen dabei, daß sie fast seine Wangen streiften, in dem Gesicht zuckte es wie von verhaltenem Lachen. Der rasche, fast laufende Gang, dies dichte Vorüberstreifen und jähe Abwenden, alles war viel zu gewaltsam, um nicht absichtlich zu sein, aber schien viel mehr der Übermut eines Kindes als die Frechheit einer erwachsenen Person. Dennoch war es die Gestalt einer solchen, ja so seltsam die kecke Freiheit des Körpers, als sie nun die schlanken Beine werfend, daß die

Röcke flogen, vor Andreas auf die Brücke zusprang, daß Andreas einen Augenblick dachte, er habe mit einem verkleideten jungen Mann zu tun, der mit ihm, als einem augenscheinlich Fremden, seinen Übermut treibe. Doch sagte ihm dann weiter ein Etwas über allem Zweifel, daß er ein Mädchen oder eine Frau in dem Wesen vor sich habe, das nun auf der kleinen Brücke selber standhielt, wie um ihn zu erwarten. In dem Gesicht, das ihm hübsch genug schien, glaubte er einen frechen Zug zu sehen, das ganze Betragen schien ihm völlig dirnenhaft, und doch war etwas dabei, das ihn mehr anzog als abstieß. Er wollte der jungen Person nicht auf der schmalen Brücke begegnen, einen andern Weg zurück in das Gäßchen hatte er nicht. So drehte er sich jäh um und stieg in die Kirche zurück und dachte damit dem Frauenzimmer ein entschiedenes Zeichen der Abwehr gegeben zu haben und sie los zu sein. Sonderbar genug war es ihm, daß er nun in der stillen Kirche die andere Person nicht wieder vorfand. Er ging ganz vorn bis an den Altar, warf einen Blick in die kleinen Kapellen links und rechts, sah hinter die Pfeiler – nirgends eine Spur: es war, als hätte der Steinboden sich geöffnet und die Bekümmerte eingesogen, an ihrer Stelle aber jenes andere sonderbare Geschöpf hervorgelassen.

Als Andreas wieder auf den Platz heraustrat, sah er zu seiner Erleichterung, daß die Brücke frei war. Er ging in das Gäßchen zurück und fragte sich, ob er nicht doch indessen Zorzis Heraustreten versäumt habe und dieser ihn nicht etwa in der Richtung, aus welcher sie gekommen waren, suchen gegangen sei. Ein reinliches Haus neben dem mit dem messingnen Türklopfer schien ihm nun das richtige, weil hier die Tür offen stand. Er trat ein, wollte an irgendeiner Tür im Erdgeschoß klopfen und nach Fräulein Nina fragen, dann selbst hinaufgehen und sich nach dem Verbleib des Malers erkundigen. Dieses alles tat er um so rascher, als ihm gewesen war, als habe, etwa vom zweiten Haus nach Überschreiten der Brücke an, sich ein leichter Schritt und die Bewegung eines Kleides wieder an seine Fersen geheftet. Vom Hausflur führte die Treppe nach oben, doch ließ Andreas diese noch unbetreten und trat in den Hof, nach der Wohnung des Hausmeisters oder sonst eines lebenden Wesens zu suchen. Der Hof war klein, zwischen Mauern und in eine ziemliche Höhe ganz mit Weinlaub überrankt: die schönsten reifen Trauben von einer dunkelrötlichen Sorte hingen herein, starke Holzpfeiler stützten das lebendige Dach, an einen derselben war ein Nagel geschlagen, an welchem ein Vogelbauer hing. An einer

Stelle war in dem Rebendach eine Lücke, groß genug, um ein Kind durchklettern zu lassen. Von hier aus fiel der Abglanz des strahlenden Droben in den Raum, und die schöne Form der Weinblätter zeichnete sich scharf auf dem Ziegelboden ab. Der nicht große Raum, halb Saal, halb Garten, war erfüllt von lauer Wärme und Traubenduft und tiefer Stille, daß man das ruhelose Hüpfen des Vogels hörte, der unbekümmert um Andreas' Hinzutreten von einer Sprosse zur andern sprang.

Plötzlich fuhr der zutrauliche Vogel in jähem Schreck gegen eine Seite seines Käfigs, die Tragbalken des Rebendachs wankten, die Öffnung hatte sich jäh verfinstert, und es blickte in Manneshöhe über Andreas' Kopf ein menschliches Gesicht herein. Schwarze Augen, an denen das Weiße blitzend hervortrat, starrten von oben in seinen erschrockenen Blick, ein Mund, halboffen vor Anstrengung, Erregung, – dunkle Locken drangen zu einer Seite zwischen den Trauben herab. Das ganze blasse Gesicht drückte eine wilde Gespanntheit aus und eine augenblickliche, fast kindisch unverhohlene Befriedigung. Der Körper lag irgendwie über dem leichten Lattendach, vielleicht hingen die Füße an einem Haken der Mauer, die Fingerspitzen an dem Ende eines der Pfeiler. Nun veränderte sich der Ausdruck des Gesichtes in einer rätselhaften Weise: mit einer unendlichen Teilnahme, ja Liebe ruhten die Augen auf Andreas. Die eine Hand drang durch das Blattwerk, als wollte sie seinen Kopf erreichen, sein Haar streicheln. Die vier Finger waren an der Spitze blutig, die Hand erreichte Andreas nicht, ein Blutstropfen fiel auf seine Stirn, das Gesicht droben erblaßte, »ich falle«, rief der Mund, … die unsäglichste Anstrengung hatte nur diesen einen Augenblick erkauft. Das blasse Gesicht riß sich weg, der leichte Körper schnellte sich nach oben, glitt dann über die Mauer zurück – wie er jenseits den Boden erreichte, konnte Andreas nicht mehr hören, er lief schon nach vorne, der Rätselhaften den Weg abzuschneiden. Das Haus zur Rechten mußte es sein, entweder sie kam dort heraus, oder sie verbarg sich in dem Hof, in welchen sie hinabgesprungen war. Er stand vor der Haustür, es war die mit dem Delphin, sie war verschlossen und gab seinem Druck nicht nach.

Schon hob er den Türklopfer, da glaubte er drinnen Schritte zu hören, die sich näherten; sein Herz pochte, man hätte es durch die Tür hören müssen. Ihm war zumute wie kaum je im Leben, zum erstenmal bezog sich ein Unerklärliches aus jeder Ordnung heraustretend auf ihn, er fühlte, er werde sich nie über dieses Geheimnis beruhigen können, er sah das Mädchen die kahlen Mauern emporklimmen, mit den Spitzen der Finger sich in den Fugen emporreißen, um zu ihm zu gelangen, er sah sie mit blutigen Händen, in einen Winkel des Hofes gedrückt, vor ihm fliehen wollen, er ihr nach … weiter reichten seine Gedanken nicht, ein schneller Schritt, der auf die Tür zuging, raubte ihm fast die Besinnung. Die Tür ging auf, es war Zorzi, der vor ihm stand.

»Sagen Sie mir um alles in der Welt, wen habe ich gesehen«, rief ihm Andreas entgegen und lief, ehe Zorzi antworten, ehe er fragen konnte, an ihm vorüber ans Ende des Flurs. – »Wohin wollen Sie?« fragte ihn Zorzi. – »In den Hof – lassen Sie mich.« – »Das Haus hat keinen Hof; hier stößt ihm eine Feuermauer entgegen, dahinter fließt der Kanal, daran grenzt der Garten des Redemptoristenklosters.« – Andreas begriff nichts. Die Lokalität verwirrte sich ihm, er erzählte und sah, daß er nichts erzählen konnte, daß er das Entscheidende von dem, was er erlebt hatte, nicht zu erzählen verstand. – »Wer immer diese Person ist«, sagte Zorzi, »seien Sie sicher, wenn sie sich noch einmal in diesem Stadtviertel blicken läßt, ich kriege heraus, wer sie ist, sie entgeht mir nicht, ob es nun ein verkleideter Mann ist oder eine öffentliche Person, die sich einen Spaß gemacht hat.«

Wie gut wußte Andreas, daß weder das eine noch das andere der Wahrheit nahekam. Er konnte sich nichts erklären, und doch wies er im Innersten jede Erklärung zurück. Wie gerne wäre er noch einmal in die Kirche zurückgeeilt: seine geheimnisvolle Feindin und Freundin vielleicht nicht, die unbändige seltsame, die an Mauern emporkletterte, sich von oben herab auf ihre Beute warf, – ihre Gefährtin mußte zu finden sein. Denn jetzt schien es ihm unmöglich, daß die beiden Wesen, von denen eines an der Stelle des anderen aufgetaucht war, wie das Glas mit rotem und mit gelbem Wein aus der Hand des Taschenspielers, daß sie nichts voneinander wissen sollten. Er war sich selber unbegreiflich, daß er an diesen Zusammenhang nicht früher gedacht hatte. Ihm war, er habe die Kirche leichtsinnig durchsucht, er hätte eine Spur finden müssen, eine Mauerspalte, eine Falltür – wie gern wäre er wieder dahin zurückgekehrt, wäre er allein gewesen. Der Zwang, suchen und finden zu müssen, hätte ihn jetzt und dann ein drittes und viertes Mal zurückgetrieben; war es ihm nicht oft so gegangen: ein verlegter Brief, ein Schlüssel, von dem wir wissen, wir haben ihn …, aber Zorzi ließ ihn nicht aus: »Lassen Sie jetzt Ihr kletterndes Mannweib

54

– in Venedig werden Ihnen noch ganz andere Dinge begegnen –, und kommen Sie schnell zu Nina, sie erwartet Sie. Was da oben wieder passiert ist, läßt sich gar nicht sagen. Der Herzog von Camposagrado, ihr Protektor, hat in einem Anfall von Wut und Eifersucht einen seltenen Singvogel, den ihr der jüdische Verehrer Herr dalle Torre tags zuvor geschickt hatte, lebendig in den Mund gesteckt und den Kopf abgebissen. Den ungarischen Hauptmann hat er, auf den er Ninas wegen einen Verdacht hatte, halb totprügeln lassen, und zwar, wie es scheint, aus Versehen einen Unrichtigen, so daß jetzt die Sbirren hinter ihm her sind und bei ihr alles durchsucht haben. Kurz, es geht alles drunter und drüber, das ist gerade der richtige Augenblick, wo bei ihr immer ein Ankömmling sein Glück macht.«

Andreas hörte alles nur mit halbem Ohr. Die Treppe war eng und dunkel, bei jeder Wendung glaubte, hoffte er die Unbekannte irgendwo hervortreten zu sehen, noch oben vor Ninas Tür erwartete er, sie würde vorüberhuschen. Jetzt erschien es ihm über jeden Zweifel sicher, daß zwischen beiden Gebärden ein geheimnisvoller Bezug geherrscht hatte: auch der flehentlich wie beschwörend gehobene Arm der Bekümmerten ihm ebenso wie der Wink der Jungen gegolten hatte. Die Spannung, die Ungeduld, dieses unbegreifliche Wesen zu entziffern, war kaum erträglich; nur eines beruhigte ihn: sie hatte, um einen Augenblick mit ihm allein zu sein, auf eine unbegreifliche Weise den Weg gefunden, eine hohe Mauer, unter der vielleicht das Wasser dahinfloß, hatte sie nicht abgehalten, das zu machen, was außer einer Katze jedem Geschöpf versagt schien, und aus ihren Fingern das Blut fließen zu lassen war ihr nicht zu viel gewesen. Sie würde ihn an jedem Ort und zu jeder Stunde wieder zu finden wissen.

Sie fanden Fräulein Nina auf einem Sofa in einer sehr bequemen und hübschen Stellung. Alles an ihr war hell und von einer allerliebsten zarten Rundheit. Ihr Haar war hellblond wie verblichenes Gold, und sie trug es ungepudert. Drei Dinge, die in reizender Weise gekrümmt waren und ganz zueinander gehörten: ihre Augenbrauen, ihr Mund und ihre Hand hoben sich mit dem Ausdruck von gelassener Neugierde und großer Liebenswürdigkeit dem eintretenden Gast entgegen.

Ein Bild ohne Rahmen lehnte verkehrt an der Wand, durch die Leinwand lief ein Schnitt wie von einem Messer. Zorzi nahm es vom Boden auf und besah es kopfschüttelnd. »Wie finden Sie übrigens die Ähnlichkeit?« fragte er und hielt Andreas, der sich zu Ninas Füßen auf ein Taburett niedergesetzt hatte, das Gemälde hin. Das Bild war, was ein grobes Auge sprechend ähnlich finden mochte: es waren Ninas Züge, aber kalt, gemein. Ihre leicht nach oben gekrümmten Brauen waren darum so reizend, weil sie in einem fast zu weichen Gesichtchen saßen; ihren Hals hätte ein strenger Beurteiler zu wenig schlank finden können – aber wie der Kopf auf ihm saß, war ein bezauberndes Ich-weiß-nicht-was von Hilflosigkeit und Frauenhaftigkeit. Auf dem Porträt waren die Augenbrauen von einer gemeinen Bestimmtheit, der Hals, den der Messerstich durchschnitt, üppig und dirnenhaft. Die Augen hafteten mit frechem kaltem Feuer auf dem Beschauer. Es war eines von jenen peinlichen Porträts, von denen man sagen kann, daß sie das Inventarium eines Gesichtes enthalten, aber die Seele des Malers verra-ten. Andreas wandelte ein innerlicher Schauder an.

»Räum es mir aus den Augen«, sagte Nina, »es erinnert mich nur an Ärger und Brutalität.« – »Ich werde dieses wieder herstellen«, sagte Zorzi, »und ein zweites machen und es nicht in der venezianischen Art sondern in der flämischen untermalen. Es wird noch besser werden, und ich werde es mir von den beiden Herren zweimal bezahlen lassen. Ich müßte ein Vieh sein, wenn es mir nicht gelingen sollte, es mir von beiden bezahlen zu lassen.«

»Nun, wie finden Sie es?« fragte sie, als der Maler mit seinem Werk verschwunden war. – »Ich finde es recht ähnlich und recht häßlich«, sagte Andreas. – »Da machen Sie mir ein schönes Kompliment.« – Er schwieg. – »Nun sind Sie erst einen Augenblick bei mir und haben mir schon etwas Unfreundliches gesagt. Meinen Sie denn auch, daß den Männern ihre größere Kraft, ihr schärferer Verstand, ihre stärkere Stimme nur gegeben sind, um uns armen Weibern das Leben schwer zu machen?«

»So meine ich es nicht«, beeilte sich Andreas zu sagen, »wenn ich Sie malen sollte, so käme ein anderes Bild heraus, das dürfen Sie mir glauben.« – Er sagte es und hätte gerne viel mehr gesagt, denn sie schien ihm unsäglich reizend. Aber der Gedanke, daß Zorzi jeden Augenblick wieder ins Zimmer treten werde, machte ihn befangen, und er schwieg. Vielleicht hatte er genug gesagt, aber er wußte es nicht. Denn es kommt nicht auf die Worte an, sondern auf einen Ton, einen Blick.

Nina sah wie zerstreut über ihn hin; auf ihrer Oberlippe, die ge-schwungen war wie ihre Augenbrauen und gleichsam wie in etwas, das kommen würde, ergeben, schwebte die Andeutung eines Lächelns und schien auf einen Kuß zu warten. Andreas neigte sich unbewußt vor und sah benommen auf diese halboffenen Lippen. Das Bauernmädchen Romana tauchte herauf, um sich gleich wieder in Luft aufzulösen. Er fühlte, wie etwas Entzückendes, zugleich Bangmachendes sich sanft auf sein Herz niedersenkte, sich dort zu lösen.

»Nun sind wir allein«, sagte er, »aber wer weiß wie lange.« Er griff nach ihrer Hand und nahm sie doch nicht, denn er glaubte Zorzis Hand in der Türklinke zu fühlen. Er stand auf und trat ans Fenster.

Andreas sah durchs Fenster und gewahrte unter sich einen hübschen kleinen Dachgarten. Auf einer flachen Terrasse standen Orangen in Kübeln, Lilien und Rosen wuchsen aus hölzernen Behältern, und Kletterrosen bildeten einen Gang und eine kleine Laube. Ein Feigenbaum in der Mitte trug sogar einige reife Früchte. Er fragte: »Gehört der Garten Ihnen?« – »Er gehört nicht mir, wie gerne möchte ich ihn mieten«, gab Nina zurück, »aber ich kann den geldgierigen Leuten nicht so viel geben, als sie haben wollen. Hätte ich ihn, so ließe ich ein Bassin und einen kleinen Springbrunnen machen – Zorzi sagt, man kann das – und eine Laterne in die Laube.«

Andreas sah sich bei den Nachbarsleuten eintreten, das Geld für die Miete auf den Tisch zählen, er sah sich dann mit dem Mietskontrakt zu Fräulein Nina zurückkommen. In seiner Phantasie gab er schon die Anordnung, das Gitter um den Dachgarten zu erhöhen: Kletterrosen und Winden liefen an leichten Stäben aufwärts und machten den kleinen Raum wie ein lebendes Zimmer, in das von oben die Sterne hereinblickten. Der leichte Nachtwind trat spielend hindurch, die zudringlichen Blicke der Nachbarn waren abgehalten. Auf kleinen Tischchen standen Früchte in Schalen, zwischen Lichtern unter Glasglocken; Nina lag in einem leichten Umhang auf einem Sofa, fast so wie sie hier wirklich vor ihm lag. Aber wie anders stand er dort vor ihr – traumartig fühlte er jenes andere Selbst: er war kein zufälliger Besuch, den jedes Knarren einer Tür aufschreckte, dem eine ungewisse zerstreute Viertelstunde zugewiesen war, er war der berechtigte Freund, der Herr dieses Zaubergartens und der Herr seiner Herrin. Er verlor sich in ein unbestimmtes Gefühl von Beglückung, als schlüge der Ton einer Äolsharfe durch ihn hindurch. – Er wußte nicht, wie wenig es eines solchen Umweges bedurfte, ja daß der nächste Moment ihm vielleicht das Glück geschenkt hätte.

»Was haben Sie«, fragte Nina, und in ihrer Stimme lag der Ausdruck einer leichten Verwunderung, die ihr so nah lag. Die Stimme zog ihn ins Bewußtsein zurück. Ihm fiel ein, daß man von dem Dachgarten aus müßte auf jenes Dach aus Weinlaub hinabschauen können, das sich von einer Feuermauer zur andern spannte, auf den Kanal, der sich zwischen jenem Hof und dem Garten des Redemptoristenklosters hinzog. Der Gedanke an seine Unbekannte fiel ihn an, aber wie ein Schreck. Dieses Wesen war in der Welt, darin lag etwas, das unentfliehbar war. Die Brust wurde ihm enger, ihm war, als müsse er Schutz suchen, er trat ins Zimmer zurück, er stützte sich auf die Lehne des Sofas und beugte sich über Nina. Ihre Oberlippe, die zart gekrümmt war wie ihre Augenbrauen, hob sich in leichtem Erstaunen nach oben.

»Ich habe daran gedacht, daß ich in Ihren früheren Zimmern wohne, und daß ich allein dort wohne – und daß Sie hier wohnen«, sagte er, aber die Worte wurden ihm schwer. »Wenn Sie den kleinen Garten da drunten hätten und die Laube mit der Lampe drin, so möchte ich dort mit jemandem wohnen – aber schon recht gern –, freilich nicht mit der, die der da hinausgetragen hat. Mit der möchte ich in keinem Haus, in keiner Laube und auf keiner Insel wohnen. Und Sie haben ja keine Laube und keine Lampe drin!«

Er wäre gerne vor ihr niedergekniet und hätte seinen Kopf in ihren Schoß gelegt, aber er sagte alles und insbesondere den letzten Satz in einem kalten und beinahe finsteren Ton, denn er glaubte, daß eine Frau alles erraten müsse, was in ihm vorging. Wenn er nun hart und spöttisch von jener Nina auf dem Bild sprach, so mußte sie wissen, daß eine andere ihn näher und er ihr näher war, als sich mit Worten sagen ließ, und daß alles an ihm bereit war, die Umstände herbeizuführen, deren Nichtvorhandensein er hart und trocken hervorhob. Zugleich aber überkam ihn eine sonderbare und trübe Vorstellung: es war die Erinnerung an alte, wie ihm in diesem Augenblick schien, und bis zum Ekel oft geträumte Kinderträume: hungrig hatte er sich in die Vorratskammer geschlichen, sich ein Stück Brot abzuschneiden, er hatte den Laib Brot an sich gedrückt, das Messer in der Hand, aber schnitt es wieder und wieder an dem Brot vorbei ins Leere.

Seine Hand hatte ohne Verwegenheit, ja ohne Hoffnung Ninas Hand erfaßt, die reizend ohne Magerkeit und zart war, ohne klein zu sein. Sie ließ sie ihm, ja er glaubte zu fühlen, wie sich die Finger mit einem leichten beharrenden Druck um die seinigen zusammenschlossen. Ihr

Blick verschleierte sich, und das Innere ihrer blauen Augen schien dunkler zu werden; die Ahnung eines Lächelns lag noch auf ihrer Oberlippe, aber ein vergehendes, beinah angstvolles Lächeln schien einen Kuß dorthin zu rufen. Nichts konnte ihn tiefer und jäher erschrecken als diese Zeichen, die einen andern vielleicht kühn, ja frech gemacht hätten. Er war verwirrt über die Maßen. Wie konnte er fassen, was so einfach und so nahe war! Er dachte nicht an die, über die er gebeugt war, sondern an ihr Leben. Blitzschnell sah er die Mutter, den Vater, die Schwester, die Brüder; er sah den jähzornigen Herzog aus der Kulisse um das Sofa auftauchen, den blutigen Kopf eines Papageien in der Hand, daneben schob sich der Kopf eines jüdischen Verehrers lautlos hindurch, er sah aus wie der Bediente, aber ohne Perücke, und der ungarische Hauptmann, dessen Haar in Zöpfe geflochten war, hob mit wilder Gebärde ein krummes Messer. Er fragte sich, ob seine ganze Barschaft hinreichen würde, Fräulein Nina völlig von all diesen Gestalten loszumachen, – und er mußte sich sagen: vielleicht für eine Woche, für drei Tage. Und was war ein einmaliges Geschenk, wenn es ihn auch zum Bettler machte, wo, wie es ihm schien, der Anstand es verlangte, eine Rente auszusetzen, ja, vielleicht eine Wohnung oder gar ein Haus neu einzurichten, Dienerschaft herbeizuschaffen, zumindest – überschlug er – eine Jungfer und Diener. Die Miene des Bedienten Gotthelff grinste ihm entgegen, der schöne Moment war zerronnen. Er fühlte, daß er Ninas Hand auslassen müßte, er tat es mit einem sanften Druck. Sie sah ihn an, ihrem Ausdruck war wieder etwas wie Verwunderung beigemischt, aber kühler als vorhin. Er hatte Abschied genommen und wußte nicht wie, und hatte um die Erlaubnis gebeten, wiederzukommen.

Drunten fand er Zorzi, der das Bild, in ein Papier gehüllt, unterm Arm hatte und auf ihn zu warten schien. Er verabschiedete sich schnell, es reute ihn sehr, daß er diesem Menschen von der Unbekannten gesprochen hatte; er war froh, daß Zorzi nicht davon anfing, um alles hätte er gerade ihn nicht dürfen auf diese Spur bringen, von dessen Blick er sich und alles belauert fühlte. Er sagte ihm, daß er Fräulein Nina demnächst wieder besuchen werde, – er glaubte selbst nicht daran. Kaum daß Zorzi mit seinem Bild sich entfernt hatte, ging Andreas durch das Gäßchen unter dem Schwibbogen durch über die Brücke, nach der Kirche.

Der Platz lag menschenleer da, wie vorhin; unter der Brücke hing regungslos die leere Barke, und Andreas glaubte darin ein Zeichen zu sehen, das ihn ermutigte. Er ging wie im Traum und zweifelte eigentlich nicht, er dachte nichts anderes, als daß die Bekümmerte dasitzen, und wie er hereinträte, die Arme angstvoll und wie flehend gegen ihn heben würde. Dann würde er zurücktreten und wissen, daß in seinem Rücken die andere sich von dem gleichen Betstuhl erhob, um ihm zu folgen. 262 Dies Geheimnisvolle war für ihn nichts Vergangenes sondern ein Etwas, das sich kreisförmig wiederholte, und es lag nur an ihm, in den Kreis zurückzutreten, daß es wieder Gegenwart würde.

Er trat in die Kirche, es war niemand da. Er ging wieder zurück auf den Platz, er stand auf der Brücke und sah in jedes Haus und fand niemanden. Er entfernte sich, durchstreifte ein paar Gassen, kam nach einer Weile wieder auf den Platz zurück, trat durch die Seitentür in die Kirche, ging durch den Schwibbogen zurück und fand niemanden. 263

Venezianisches Reisetagebuch des Herrn von N. (1779)

Ich erinnere mich an die Dinge ganz genau, hatte immer sehr gutes Gedächtnis, bekam bei den Schulbrüdern das große Fleißkreuz, weil ich die österreichischen Regenten vor- und rückwärts aufsagen konnte. Auch alle Dienstmädchen meiner Mutter habe ich mir gemerkt und alle Mineralien meines Großvaters und die Namen des Sternbilds Orion.

Gründe der Bildungsreise. Maler, große Namen. Paläste, Sitten im Salon, Entréegespräche. Scheinen, Gefallen. Vorher von Venedig gewußt: Onkel hatte Bekannten, dessen Verwandte in oubliettes gestürzt (mit Nägeln und Rasiermesser) ...

Ankunft: Morgengrauen. hungrig. kühl. will sich um Unterkunft umschauen. Schauspielergesellschaft am Strand wartend. Eine kokettiert mit ihm vom Schoß ihres Kollegen herab.

Gehe durch ein paar Gassen. der halbnackte Herr, er hat einen Hut mit Maske und grobem Spitzenschleier überm Arm. ein feines, aber sehr gestückeltes Hemd. er begrüßt ihn, sagt, er kennt Wien, nennt ein paar Namen. erklärt, er habe alles beim Spiel verloren. Ich leihe ihm meinen Mantel; er spricht sehr schön von Freigebigkeit, von vergangenen Zeiten. der Herr erzählt, wie er eine galante Dame beim Grassalkovich vorgestellt habe, habe sie gesagt, »brutto nome, pare una bestemmia« und ihn nicht zum Liebhaber haben wollen. (Wie er angezogen ist, hat er einen viel gesellschaftlicheren Ton, viel weniger gehoben.)

Speisengeruch. der Fremde will ihn nicht hier frühstücken lassen, verspricht, ihm eine Wohnung bei einem Edelmann zu verschaffen, geht mit ihm.

Die Edelfrau, der Edelmann, der Alte. Ich gebe Geld, damit ein Frühstück kommt. Bekomme das Zimmer der abgereisten Tochter. Alle sind mit dem Theater zusammenhängend. Stöhnen von oben; der Maler hat Magenkrämpfe. gehe mit hinauf, der Stein wird abgehoben; indessen bringt der Edelmann im Schnupftuch der Tochter die kleinen Fische. essen ein echt venezianisches Gebackenes (frittura).

Nochmals hinauf zum Maler, er zeigt mir ein Bild einer schönen Person (für dalle Torre), verspricht, mich zu ihr zu führen. Erzählt auf dem Weg die Geschichte der zwei Bilder des Herzogs Camposagrado:

wie die Brüder ihm das ihrige schicken, lacht er unmäßig und weist eine Summe Geld an, damit sie ihm den Goya schicken, die Tintorettos copieren. Maler verspricht, mich dem Herzog vorzustellen.

Kommen zu der schönen Dame. Vogel im Käfig, schönes Porzellan, vorne Hyazinthen. Camposagrado. gegenwärtig, Details über das Pyrenäendorf, wo der Herzog Gerichtsherr.

Die junge Dame mit ihm im anderen Zimmer. Camposagrado sehr zornig, verschlingt den Vogel und geht. Ich werde eingeführt, benehme mich zurückhaltend. Die Alte supponiert mir, ein Geschenk zu machen. Ich ziehe mich zurück, habe keine Leichtigkeit. Jetzt müßte man entweder ein alles-vergessender Lump sein oder ein geschickter Schwindler. Ich lade sie zum Nachtmahl ein.

Gehe auf die Piazza. Versäume einen Aufzug, sehe einen Patrizier, der eben ein Harlekingewand anzieht. gehe ins Theater, die verschleierte (maskierte) Dame. Brief auf der Piazzetta empfangen.

Der Ritter Sacramozo setzt sich zu mir. seine Erscheinung. der Diener mit dem Brief. Der Diener scheint den Ritter zu kennen. Sage dem Ritter, daß ich die Courtisane eingeladen. Er ist erstaunt, daß es wieder stimmt. – Gehe schlafen. Mücken.

Nächster Morgen: rendez-vouz mit dem Cavalier. zu der Dame, die bei der Morgentoilette. werde zunächst in ein Nebenzimmer gelassen, indessen sich die Dame mit dem Cavalier zurückzieht, die Dame kommt, entschuldigt sich etwas cavaliermäßig. Der Ritter geht mit mir frühstücken, erzählt mir seine Auffassung der Liebe. die frühere Passion für die Courtisane. sein Selbstmordversuch.

Nachmittag kommt der Edelmann zurück, meinen Mantel bringen; führt mich zum Notar.

Abends in der Nähe der Madonna dell'orto. Die schöne Dame an einem Fenster.

In der Kirche Camposagrado mit Dienern, die ihm leuchten; geht allein zurück, ein Hund geht ihn an. Er besteht den Hund mit den Zähnen.

Das venezianische Erlebnis des Herrn von N.

Andreas' zwei Hälften, die auseinanderklaffen. – Andreas' Charakter nicht vorneherein feststehend; er muß sich in diesen Situationen erst finden. seine Scheu, sein Stolz, – alles noch unerprobt. – Ungewißheit über einige Zustände, immer zu viel – zu wenig. Zweifel, ob er jenes Verbrechen an dem Hund wirklich begangen.

Andreas, Hauptrichtung: Mut, – der Mut, den die Atmosphäre Venedigs inkorporiert, Mut in der Sturmnacht. Moral Mut.

Schuld an der Reise der berechnende snobism des Vaters.

Wie Andreas das Leben großer Herren sieht (aus den Erzählungen des großväterlichen Kammerdieners, auch aus eigenen Erfahrungen): von der Hirschbrunft ins Schloß, umkleiden, frisieren lassen, eine Maitresse abholen in die Oper Armida.

Andreas geht hauptsächlich (wenn er auf den Grund geht) darum nach Venedig, weil dort die Leute fast immer maskiert sind. Nach dem Abenteuer mit der hochmütigen Gräfin auf dem Land, die ihn wie einen Bedienten behandelt hatte, ist in ihm, halb geträumt, die Vorstellung entstanden, daß dies Abenteuer herrlich gewesen wäre, wenn er maskiert gewesen wäre. Überhaupt quält ihn jetzt der Unterschied zwischen Sein und Erscheinung, zum Beispiel wenn er Strohmanderln sieht, die wie Bäuerinnen mit Hüten oder wie Mönche ausschauen und ihn unheimlich und feierlich impressionieren und doch *eigentlich* nichts Gescheites sind. Kapiteleinteilung (provisorisch): I. Castell Finazzer II. Ankunft III. Drei Bekanntschaften IV. Der Malteser V. Doppeltes Leben VI. Ein Gespräch VII. Dämonie VIII. Abreise.

Kap. I. Ende: Die Berggegend: – er verlangt sich nicht, hier zu wohnen, er hat mehr als der Ersteiger, mehr als der Bewohner in diesem Augenblick; er braucht keinen Bezug auf Romana, – es ist ganz Selbstgenuß, aber nur durch sie möglich. War es da, – so war auch der Besitz Romanas verbürgt.

Camposagrado: ein breiter Mensch, an einem Ohr einen Perltropfen, worin ein Stückchen von der Hostie. Kapitel V: Der neue Freund (Der Malteser)

Andreas war in einen Zustand geraten, der nichts Erfreuliches hatte. Der Gedanke an die Heimat vergällte ihm das Hier; das Hier machte ihn traurig an die Heimat denken.

Er gab den Brief ab und hörte, die Herrschaft wäre tot. Der Geschäfts-freund verreist. Er fragte nach seinem Koffer, und es ist Sehnsucht, von zuhaus etwas zu erfahren. Das Brot schmeckt ihm nicht. Carossen und Elégance gehen ihm ab, die Leute ihm so gleichgiltig, verglichen mit Graben und Kohlmarkt; das Aussteigen einer Dame in Wien.

Er versucht es, Nina zu sehen, ohne rechte Hoffnung. (Zorzi sagt ihm, der Malteser wolle seinen Namen wissen; fragt ob er Wünsche habe. Andreas lehnt ab) – Das was in ihm zu ihr will, gefällt ihm nicht. Er wird abgewiesen.

Abends Gespräch mit Zustina, auf der Treppe. Er fragt sie, warum sie nicht heiraten wollte. Wie konnte sie ahnen, daß er von sich sprach. Sie weist ihn zurück. Ihre Rechtfertigung, »es sind vornehme Leute, ein jeder wird etwas Gutes sein. Die Mutter von einem Dummen hat für ihn ein Los genommen.«

Er eifersüchtig auf Glückliche. Er sagt, er werde wahrscheinlich ab-reisen. Es läßt sie kalt. – Ihr Weltbild: Familientyrannen oder Spieler aller Art. Sie entfernt sich von ihm.

Verschiedentlich Besuche bei Nina, ein zweites Mal den übernächsten Tag, darauf ein drittes Mal, – aber immer Hindernisse. Einmal jemand bei ihr, ein andermal sie ausgegangen oder krank, – einmal wird er vorgelassen, hört sie im Nebenzimmer: sie hat aber ausgehen müssen. Er wird aber immer aufgefordert, wiederzukommen. – Die Sache wird ganz unlösbar dadurch, daß Zustina ihm sagt, »Nina tut es so leid, daß Sie sie vernachlässigen.« – Gefühl der Ohnmacht.

Sehenswürdigkeiten. Gerichtsverhandlung. Prozession. Jesuiten. Kirchen. Bilder; Tintoretto: Vornehmheit, Kühnheit, Selbstgefühl.

Neid gegen alle Menschen, Hypochondrie, wachsende Unlust an Menschen, zuviel Menschen, er hätte sie wollen von sich wegstreifen. Sehnsucht nach Bäumen (einen Baum umarmen), Hinüberblicken nach Bergen. Rückdenken an jenen Augenblick. Melancholie. Er wird unor-dentlicher und unreinlicher in seinem Denken.

Meerungeheuer für zehn soldi aus Creta, seltsames Interieur. Um die Leere seines Innern auszufüllen, tritt er nicht in die Kirche, sondern in die Bude. Die Spanierin (die Maske).

Der Meermann: »welch Schauspiel, – aber ach ein Schauspiel nur!« gibt ihm alles was das Theater ihm schuldig geblieben, obwohl er ein Tier, kaum ein wirkliches. Andreas' Schmerz, daß der Meermann ihm mehr Eindruck macht als ein wirkliches Theater.

Die Maske. ihr Arm liegt auf seinem; zärtliches Reden der Maske: »unsere erste Begegnung war ein schönes Fest. Ich war gerade angekommen von einem recht häßlichen Aufenthalt; Ihr Gesicht war das erste, wie hätte es mir nicht gefallen sollen, – ich war zu allem frei, hätte mich von oben herabschwingen mögen, sicher, fliegen zu können. Ahnen Sie denn, was es heißt, gefangen liegen?« – (er denkt an die Bleidächer).

Er zweifelt. Sie: »ich rede vom Wirklichen, spüren Sie es nicht?« (ihr Händedruck) – Er versichert, damals bei Nina habe er nur an sie gedacht. – »und bei den späteren Besuchen?«

Zärtliches Reden der Maske. sie redet von Nina; er kombiniert, »sie ists« – das Blut strömt ihm zum Herzen.

Die Maske: »ich habe eine gewisse Person *gezwungen,* nach Ihrem Namen zu fragen. Seit heute und damals liegt ein ganzes Leben.«

Andreas beschließt Zustina Verschiedenes zu fragen, um sich über die Familie aufzuklären. tuts wieder nicht: es ist ihm zu mühsam.

Im Haus: »Ihre gute Bekannte hat nach Ihnen gefragt« – ein Weinblatt mit einem Blutstropfen.

Einsamer hier unter Menschen als dort auf dem Grab des Hundes.

Eine Maske will ihn wohin führen, wo gespielt wird. Er verweigerts, kehrt im Vorzimmer noch um, will wenigstens wissen, wer sie ist und wohin sie ihn bringen will. Die Maske hat ihm erzählt, es gäbe verschiedene Leute, die sich hier für ihn interessierten, außer dem Malteser, – mindestens zwei Personen. Woher weiß sie das? – Auf der Treppe glaubt er zu sehen, es wäre jene Spanierin oder sonstige junge Person aus Ninas Haus (sie weiß auch von seinen Besuchen bei Nina).

Eintritt in eine Kirche. hofft die Spanierin zu sehen. wird gehoben in traumartige Höhe, aber nur kurz. Jemand kniet hinter ihm und seufzt; als wäre das ein ihm ausgeliefertes Wesen. das Wesen lehnt am Rand der Stufe, sieht in die Ferne.

Am nächsten Tage abermals nach der Dogana. Brief über den Zustand der Kaiserin, Mißbehagen, Alles so arg puppenhaft.

Jemand in einer Gondel fährt ihm nach, erreicht ihn: der Malteser. Dieser sagt, er habe ihn in dem kleinen Caféhaus gesucht. Dem Malteser wurde ein ähnlicher Brief wie jener erste ins Haus geworfen. »Sollten Sie davon nicht wissen? wenn ich Sie bitten dürfte, über die Personen nachzudenken, mit denen Sie gesellschaftlich zusammengekommen sind. Es gibt nichts Einzelnes, Alles vollzieht sich in Kreisen. Vieles entgeht uns, und doch ist es in uns, und wir müßten es nur hervorzuarbeiten verstehen. Eine Person, der ich sehr ergeben bin, ist in großer 268 Aufregung über diese Sache. Ich will Ihnen sagen, was in dem Briefe stand. Haben Sie Verwandte in Italien?« (Verwandtschaftsfluidum) Andreas: »Ich wollte Ihnen gern so viel Kenntnis meiner Person verschaffen, daß Ihr Verdacht erlischt« – sonderbarer Mangel an Selbstgefühl, daß ihm selbst sein Wort nicht hinzureichen scheint! zugleich eine Todesangst, wenn jener Verdacht erloschen, werde er dem Malteser gänzlich uninteressant sein. Wie wohl war ihm, als der Mann bei ihm saß. Staunen, daß auch dieser Mann von etwas gequält wird.

Behagliches Schlendern dann nachher. Malteser: »versäumen Sie nicht, nach Murano zu fahren; man hört die beste Musik. Ihr Gesandter ist auch oft dort.«

Indes bringt der Einarmige einen Brief für Andreas. »Von wem?« – »der Herr weiß es.« – Staunen des Maltesers wegen Coincidenz. Er bittet den Malteser, mitzugehen. Malteser lehnts ab. Ist ägriert, nimmt an, Andreas habe sich lustig gemacht: »Sie empfangen den Sendboten, von dem ich Ihnen spreche.«

Erster Anblick des Maltesers: ein geahnter harmonischer Kontrast zwischen Erscheinung und Geist. Etwas Witziges um ihn, eben dieser Kontrast.

Im Anfang ist Andreas' Haupteinwand gegen den Chevalier: die Zufälligkeit der Bekanntschaft, »der kann doch nichts Rechtes sein, daß er gerade Zeit hätte, sich mit mir abzugeben.«

Die Stunden mit Sacramozo waren das Leuchtende in seinen Tagen. Wie war er erstaunt, als dieser ihn angeredet hatte. Es ärgerte ihn dann, daß der Chevalier dadurch verblaßte.

Wie der Chevalier für ihn immer schöner wird aus einem häßlichen und er allmählich ahnt, daß das Wesen dieses Menschen ganz Liebe, oder ganz Form ist. Das Doppelte seiner Natur: wenn er von mystischen Gegenständen spricht – wozu für ihn im richtigen Zusammenhang alles auf der Welt, auch die gewöhnlichsten Bezüge und Verrichtungen gehören können –, ist er offen, der Vereinigung zugänglich, nur 269 menschlich, von sich mitteilend, durch Enthusiasmus zugänglich.

Wenn er sich in gewöhnlichen Verhältnissen findet, ist er durch Höflichkeit völlig abgesondert; undenkbar, daß er zu berühren, zu beeinflussen, zu erreichen wäre. Es ist unmöglich, wenn er in diesem Zustande ist, ihn an den andern erinnern zu wollen. Er übt hier eine ebenso starke coercitive Kraft aus, wie andererseits eine inducierende. Manchmal erscheint er Andreas in der weltlichen verschlossenen Verfassung noch merkwürdiger; der Begriff »Kraft der Verzweiflung« auf ihn in dieser Situation anzuwenden.

Begegnungen mit dem Malteser. Dieser allein concentriert ihn; zugleich verwirrt er ihn: durch sein Zuhausesein in dieser Welt, durch seine Diskretion, alles als selbstverständlich Nehmen. – Andreas' Angst in unvollkommenen Momenten: an Sacramozo sei alles nur Fassade.

Malteser lädt ihn nicht zu sich; scheint als selbstverständlich anzunehmen, daß er Bekannte hat, daß er weiß, wo die Bilder zu sehen sind usw.

Sein Wesen: die Geheimnisse; deutet sie durch minus dicere nicht durch plus dicere an. Sein Wesen ein Wissen um das Geheimnis der menschlichen Organisation.

Gespräche mit Sacramozo:

Andreas steckt voller Vorurteile; die schlimmsten gegen sich selber; die Geldvorurteile, die Vorurteile inbezug auf die Welt, – auf sich selbst: meint sein Glück verscherzt zu haben, alles wird schlechter, alles ist schon vorgegessen Brot. – Sacramozo: »Sie sind reich an verborgenen Kräften. – Sie schließen das Außerordentliche aus, – Sie haben Unrecht. Sie reden von Glück: wie vermöchten Sie es zu genießen, – fragen Sie sich noch mehr: *wer* ist es, ders genießt.« Sacramozo lehrt ihn an Ariost die Funktion der Poesie erkennen: die Poesie hat es ganz und gar nicht mit der Natur zu tun. Die Durchdringung der Natur (des Lebens) beim Dichter ist Voraussetzung.

Gelegentlich Ariost: das Unmögliche ist das eigentliche Gebiet der Poesie (der Jüngling, dessen Leib sich durch den Harnisch durchbewegte).

Poesie als Gegenwart. Das mystische Element der Poesie: die Überwindung der Zeit. –

Das Hohe erkennt man an den Übergängen. Alles Leben ist ein Übergang. –

Man muß alles nach Vorbildern tun; das ist das Große am Christentum. – Ungeistige Christen betrügen Gott: Schmutz hinterm Altar. –

Sein Element kennen: man lebt wirklich nur unterm Auge des uns Liebenden. Sacramozo: »Aufmerksamkeit ist soviel wie Liebe. – Ich bitte Sie, daß Sie meine Seele mit Aufmerksamkeit behandeln. Wer ist aufmerksam? der Diplomat, der Beamte, der Arzt, der Priester …? – keiner genug. Jenes Wort ›ich habe nichts vernachlässigt‹ – wer darf es von sich mit gutem Gewissen sagen.«

Woran man wirklich teilzunehmen vermag, dem ist man schon zur Hälfte vereinigt. Sacramozo über Teilnahme von Negern an Freude ihres Herrn: er hat gefunden was er suchte, – er hat einen Brief erhalten.

Sacramozo erklärt den Abscheu der Seele vor dem vor kurzem Gelebten.

Inwiefern einem Menschen wie Sacramozo nichts mehr Furcht macht, doch alle Schrecken nahe sind, durch das Leiseste heraufberufbar; was Angst, Schreck, Ängstlichkeit bedeuten.

Inwiefern für Sacramozo jede Materie die Materie zu Göttlichem. – Andreas grübelt: »warum gerade mit mir?« – darüber muß Andreas hinweg, – Sacramozo: »überall ist Alles, aber nur im Augenblick.«

Inwiefern jemanden um Verzeihung bitten zu können, eine erreichte hohe Stufe bedeutet.

Wozu ein Mann wie Sacramozo von nun ab unfähig ist, darin liegt seine Herrlichkeit.

Sacramozo beanstandet Wort und Begriff »in die Tiefe dringen«, – man sollte es ersetzen durch »gewahr werden« – »sich erinnern«.

Der Geist ist *einerlei.* Im Geistigen gibt es keine Stufen, nur Grade der Durchdringung. Der Geist ist ein Tun, vollkommen oder minder vollkommen. Sie halten die Welt an einem Teil auf, zu denken. Die Menschen sind die Leiden und Taten des Geistes.

Durch Sacramozo erkennt Andreas: er liebe Romana Finazzer.

Sacramozo glaubt an die Zweizahl. So erzählt er die zwei ausschlaggebenden Erlebnisse seines Lebens; »man muß eine sehr geniale Natur sein (wie Franz von Assisi), um durch ein einziges Erlebnis für immer bestimmt zu werden. Der gewöhnliche Mensch wird sich, wenn eine furchtbare Erfahrung ihm den Weg nach einer Seite verlegt, nach der anderen Seite hinziehen …« – auch pflegen wir ein Individuum aus einem Typus hervorzubringen, indem wir eine zweite Reihe ihn durchkreuzen lassen: Narciss ist ein Lump, aber ein ordentlicher Musiker (cf. Goethe, »Anmerkung«)

Malteser: »Sie erwähnen sehr oft Ihren Onkel in einer gewissen Weise, – er muß Ihnen wichtig sein.« (mehr Aufforderung ist bei Sacramozo undenkbar) – Andreas wurde rot. Die Geschichte vom Onkel Leopold und die beiden Entscheidungstage. Im Sterbezimmer: die Witwe, die zweite Familie, Bauernjungen (Zehenter). Die della Sphina, »wir beide haben viel verloren, liebe Frau.« – indem Andreas erzählt, kommt ihm Castell Finazzer, jener traurige Tag zurück. – der Malteser (mit einem warmen Blick) »Sie haben das schön erzählt. Menschenleben ist in Ihnen gediegen enthalten und löst sich schön ab.« – Sein Vorschlag zum Besuch.

Kap. VI. Ein Besuch.

»Wer kennt sein eigenes Element?«

In der Gesellschaft des Maltesers, ja nur durch einen Bezug auf diesen, verfeinert und sammelt sich Andreas' Existenz. Begegnet er diesem, so kann er sicher sein, nachher etwas Merkwürdiges oder wenigstens Unerwartetes zu erleben. Seine Sinne verfeinern sich, er fühlt sich fähiger, im andern das Individuum zu genießen, fühlt sich selber mehr und höheres Individuum. Liebe und Haß sind ihm näher. Die Bestandteile der eigenen Natur sind ihm interessanter, er ahnt hinter ihnen das Schöne. In dem Malteser ahnt er eine Meisterschaft im Spiel von dessen eigener Rolle. Es gibt keine Situation, in der er ihn sich nicht vorstellen könnte. An dem Malteser tritt ihm die höchste Empfänglichkeit für eigene Natur entgegen.

Er sagt sich das alles selbst, aber in hypochondrischen Selbstvorwürfen: »was bin ich für ein Mensch, der erste beste vornehmere Mensch wirkt so stark auf mich.«

Anfang: Malteser kommt ihm nach auf der Riva dei Schiavoni, »wie gut, daß ich Sie finde.« (Andreas hat ein unbestimmtes Gefühl dorthin getrieben) »Fast hätte ich nach Ihnen geschickt. Man will Sie sehen ...«

Geheimnis um Maria: beim ersten Besuch Andreas' macht sie eine ganz kleine hilflose Bewegung nach einer dunklen Ecke hinter ihrem Sofa, mit einer Unfreiheit um die Mitte des Leibes, – und in diesem Augenblick ahnt Andreas, daß es ein für ihn unauflösliches Geheimnis hier gibt, daß er diese Frau nie kennen wird, und fühlt, daß ihn hier die Unendlichkeit mit einem schärferen Pfeil getroffen als je ein bestimmter Schmerz; er hat drei oder vier Erinnerungen, die alle diese pointe acérée de l'infini in sich tragen (die Begegnung mit der alten

Frau und dem Kind am ersten Morgen), – fühlt diesen ungefühlten Schmerz, ohne zu wissen, daß er in diesem Augenblicke *liebt*.

Beim ersten Besuch sagt Maria: »*Man* wird Ihnen wieder schreiben.« Einmal bekommt er einen Brief von Maria, der leidenschaftlich, ja beinahe cynisch ist; er eilt hin, findet sie nicht. Später findet er sie. Sie ist verstört: »man hat mich von dem Brief unterrichtet …« – sie muß sich zu einem halben Geständnis entschließen: »meine Hand ist verhext, sie handelt gegen meinen Willen. Ich bin nahe daran, mich zu verstümmeln, aber das ist gegen das fünfte Gebot …« (– Problem: inwiefern bin ich für meine Hand verantwortlich …)

Elégance und Vornehmheit, die Phantome, denen Andreas nachgelaufen ist, sind in Maria in ihrer höchsten Form verkörpert: als seelischer Adel. Jetzt kommen ihm die Wiener Gräfinnen nur als Marionetten vor, deren Bewegendes die Rasse ist.

Sacramozos Verhältnis zu Maria ist dies, daß er sie unterhalten will, um sie im Leben zu erhalten, weil sie allein ihm noch das Leben lebenswert macht (– so wenig er im übrigen von ihr fordert, erwartet) Sacramozo hat zu Maria »Religion nicht Liebe« (Novalis) – der Chevalier: »ich fand sie in Genua; schlechte Menschen behaupteten Anrechte auf sie zu haben. Ich schützte sie, – und ich vermochte sie hierher zu bringen. Ja, aber ich stehe ihr darum nicht näher als Sie. Ich halte jeden Tag für den letzten. Ich denke von Tag zu Tag, sie wird dir entschwinden!« – Andreas: »Meinen Sie, sie wird in ein Kloster gehen?« – Chevalier: »Sie war nahe daran. Aber sie scheint es aufgegeben zu haben. Sie sagte mir, sie habe Briefe bekommen, die sie davon abgebracht hätten.«

Maria mit dreizehn Jahren einem bösen Mann vermählt. Sie ist Witwe; ihr Mann war grausam. – Die religiöse Krise, die Schuld an der Spaltung Marias war. Ein Gebet (dies erzählt Sacramozo dem Andreas) – Maria betrachtet es als Strafe dafür, daß sie Christus als Helfer für ihre Liebesabenteuer herabgefleht und dadurch gelästert habe. – Seither Maria von Ekel erfüllt vor dem eigentlichen Akt; sie hat die vage Ermüdung, ein ihr entsetzliches physisches Wissen von der Sache.

Ihr Astralleib, bestehend aus ihren Gedanken, Ängsten, Aspirationen, der oft mit immenser Sensibilität von etwas was einer sagt, ja von einer bloßen Nachricht, einem »stummen Niederfallen ferner Sterne« tangiert wird –: dies Ganze empfindet sie als ihr Ich; dies Ganze muß selig werden, dies Ganze wäre nie fähig gewesen, sich in der Liebe hinzugeben, dies Ganze kann Andreas niemals umklammern, dies Ganze ist ihre Last und ihr Leiden.

Ein mittlerer Aspekt von Maria, – wo sie am meisten als Dame wirkt: daß in ihr noch nicht alles zusammengekommen ist, daß sie weder resigniert noch erschöpft ist, daß die Möglichkeiten des Märtyrertodes ebenso wie des Erstarrens in aristokratischer morgue vor ihr liegen.

Sacramozo weiß aus Confidenzen, daß sich Maria zuweilen verliert. Seine Vermutungen über den Zustand.

Die Dame (Maria) und die Cocotte (Mariquita) sind beide Spanierinnen; sie sind Spaltungen ein und derselben Person, die sich gegenseitig trucs spielen. Die Cocotte schreibt ihm die Briefe. Die Cocotte haßt den Sacramozo und die ganze sentimentale Tuerei. Einmal begegnet Andreas der Cocotte, wie er die Dame verläßt; einmal verwandelt sich die gute Dame vor dem Spiegel in die böse Cocotte. Die Cocotte fürchtet sich vor Sacramozo, glaubt, er hat den bösen Blick (auch fürchtet sie, er könne sie umbringen, wirklich rennt er mit dem Messer hinter ihr her) – Dadurch wird Andreas viel verliebter in die Dame und begreift den Platonismus des Sacramozo gar nicht mehr. Einmal schläft er bei der Cocotte: in der Früh ist das Bett leer, er hört ein Aufstöhnen, und mit den Zeichen gräßlichster Verwirrung läuft die *andere* fort. Während dieser wirren Zeit findet er einmal in seinem Felleisen das Brusttuch der kleinen Finazzer. – Die Cocotte gibt an, sie müsse zeitweise zu einem reichen Alten.

Porträt von Maria und Mariquita im Tagebuch: mit Maria zu sein, heißt dem feinsten und tiefsten Begriff des Individuums nachgehen: nach dieser Richtung ist Marias religiöser Ästhetismus orientiert. Ihr kommt es auf die Einheit, auf die Einzigkeit der Seele an, – aber an dem Leib wird sie zuschanden. Es wäre unmöglich, ihr ein Kompliment über ihre Schönheit oder ein Detail ihrer Gestalt zu machen. Sie hält daran, daß kein Baum, keine Wolke ihresgleichen haben. Ihr graut vor der Liebe, welche mit Verwechslung arbeitet (sie erinnert an die Prinzessin im »Tasso«).

An Mariquita ist es jedes körperliche Detail, was einzig und ewig scheint: das Knie, die Hüfte, das Lächeln. Sonst kümmert sie sich wenig um Einzigkeit; sie glaubt nicht an die Unsterblichkeit der Seele. Ihr Reden, ihr Argumentieren, ihr Denken selbst ist ganz Pantomime, ganz potentielle Erotik, kein Wort darin über den Moment hinaus gemeint, – sie buhlt immerfort mit allem was sie umgibt.

Durch einen kleinen kurzatmigen King Charles-Hund, namens Fidèle, ein mißtrauisches und hochmütiges Tier, der im Hause von Maria immer versteckt ist bis auf *einmal*, hängen Maria und Mariquita zusammen (es ist wiederum das Grundproblem von »Gestern«: Treue, Beharren und Wechsel) – Dunkel ahnt Maria das Chaotische in sich, das was sie mit Mariquita gemein hat. So haben sie das Hündchen gemein.

ad Maria und Mariquita: die Ansicht des Franziskanerpaters über den Fall; die Ansichten des Medicus materialistisch (La Mettrie, Condillac); die Anekdote von dem Mann, der durch einen Unfall zerstört, durch den anderen wiederhergestellt wurde, – »was folgern Sie daraus?« fragte der Malteser.

Maria immer in Halbhandschuhen, immer kalte Hände; Mariquitas Hände immer wie von flüssigem Feuer durchströmt.

Hemmungslosigkeit das Wesen von Mariquita, Hemmung das Wesen der Gräfin. Die Gräfin spricht von den hundertpfundschweren Ketten, mit denen der Himmel die Seinigen prüfe. Man ist für mehr als sich selbst verantwortlich. – Das Beschwerte in den Liebesbriefen der Gräfin.

Bei Maria lernt Andreas die Freiheit des Wesens preisen, bei Mariquita graust ihm vor der absoluten Freiheit. Bei Mariquita muß er sich nach dem universalen Bindemittel sehnen, bei Maria nach dem Lösungsmittel: so muß ihm seine eigene Natur offenbart werden.

Maria ist fabelhaft gut angezogen, Mariquita liebt Schmutz und Unordnung.

Maria verträgt Blumenduft sehr schlecht; eines Tages findet Andreas sie halb ohnmächtig und umgeben von stark riechenden Blumen, diese Blumen hat Mariquita morgens auf dem Gemüsemarkt gekauft und durch einen Furlaner an Maria geschickt.

Maria ist Christin mit mystischen molinistischen penchants; Sacramozo ist indifferent (Galiani); Mariquita ist Heidin, sie glaubt an den Moment, an sonst nichts.

Mariquitas Ansichten über Maria (gelegentlich brieflich oder in Monologen): sie haßt sie, sieht alles Unvollkommene an ihr, findet sie *feig (so* wie Michelangelo sich feig findet im Gegensatz zu Savonarola), und doch ist sie ihr eigenster, der einzige interessante Gegenstand. Sie beneidet sie um ihre Distinktion, ohne sich recht klar zu werden, was diese Distinktion ist, was das ist, das jeder von Marias Handlungen einen königlichen unrealen Wert gibt (gleich dem Horn auf der Stirn des Einhorns, wie ein Turm im Mond), ja sie versucht, Maria selbst diesen ihren Vorrang verdächtig zu machen, sie in das Gemeine unterzutauchen (wodurch sie freilich selbst am unglücklichsten werden würde), – sie schreibt ihr: »deine gestrige Träumerei, daß es das Gemeine nicht gibt, daß dies alles völlig überwunden werden kann, daß man in einem ewigen élan leben kann, ohne jenes Danebenhocken in der Ecke, – das ist eine Vorspiegelung deiner bodenlosen Eitelkeit, deiner stupiden Unfähigkeit, das Wirkliche zu erkennen.«

Mariquitas Erzählungen (über Maria): bald, als wäre sie eine alte Hexe, dann: »das war nur figürlich zu nehmen. Man muß die Menschen überhaupt nur figürlich nehmen. Sie ist eine ganz hübsche Person, aber ein rechter Teufel ist sie doch. Gerade darum weil sie für einen Engel gehalten werden will. Aber das kann ich sagen: so durchschaut wird auf der Welt keine Frau, wie ich die durchschaue. Meine Blicke gehen unter die Haut.«

Mariquita: die verschiedenen Aspekte des Dämons: intrigant, scharfsinnig, cynisch, ruhelos, gottlos, frech libertine Angst vor Kirchen. neugierig ohne Maß. geistreich ingénue. durchgehends Vergeßlichkeit.

Das Zusammenhängende in allen ihren Phasen, etwas Aktives, Gliedermännisches. Sie will etwas vorwärtsbringen; die Ruhe, das Versinken ist ihr verhaßt, – da fürchtet sie, sich in die andere aufzulösen.

Einmal rutscht es Mariquita zu der Duenna heraus (– Andreas stellt sich schlafend): »die Verfluchte! sie möchte mich ins Kloster sperren, weil ich es ihr zu bunt treibe! ich muß ihr durch den da ein bißchen zusetzen lassen ...« – Duenna: »könntest du ihr nicht etwas eingeben, daß sie ganz verschwindet?« – Mariquita: »sie hat eine verfluchte Kraft, nicht nur wenn sie betet, sondern auch sonst, eine Art sich innerlich zu erheben, da fühl ich mich, wie wenn mir übel würde, und ich bin ganz schwach gegen sie.« – Duenna: »könntest du nicht machen, daß, während sie betet, ihr eine von deinen stärksten Stellungen einfiele?« – Mariquita: »dann fühlt sie mich kommen und drückt mich hinunter, das sind meine widerwärtigsten Momente. Da haß ich sie, wie der ewig Verdammte Gott hassen muß.«

Mariquita macht über ihr Verhältnis zu Maria erst ganz allmähliche Erfahrungen; im Anfang hofft sie, bald ganz freizukommen.

Scene, wo Mariquita, sehr aufgeregt darüber, daß Maria ins Kloster gehen will, von Andreas verlangt, daß er Maria verführe; – ihr unheimlicher hündischer Blick bei dieser Scene. In Andreas der Verdacht, daß die Zauberin etwas mit Experimenten zu tun habe ähnlich jenen, welche zu den »Moreau horros« geführt haben; daß sie etwa Lieferantin für einen solchen Experimentator sei.

Indem Andreas in Mariquita die Seele zu wecken verlangt, gefährdet er Mariquita in ihrem Leben, ihrem Sonderdasein, wovon sie ängstliche Andeutungen macht. So schließt sie ihn einmal in die Arme und erklärt sich, Tränen im Auge, bereit, sich dem Glück, das er mit einer anderen finden könnte, aufzuopfern. Er fühlt, daß sie es in Wahrheit meint.

Mariquita dämonisch bis zum Hexenhaften. Succubus. Schläft einmal mit zwei Männern zugleich, sie sagt: »wenn ich mit einem einen Tag, sechs Stunden, zwei Stunden, eine halbe Stunde, zehn Minuten nach dem anderen geschlafen hätte? … na also!«

Mariquita haßt den Begriff »die Wahrheit« – »wenn ich nur das dumme Wort nicht hören müßte! wenn ihr mich nur mit eurer Philosophie verschonen wolltet, – da die Welt doch ›sozusagen eßbar‹ ist.«

Ihr düsteres Bild von dem Malteser; seine Lebenschiffre flößt ihr Grausen ein. Wenn sie von ihm spricht, verfärbt sich ihr Gesicht.

Mariquita schreibt nie, schickt immer nur mündliche Posten; das Schreiben ist nur zu embrouillieren und compromittieren.

Die Wohnung Mariquitas in einem halbverfallenen Palast, in zwei Zimmern in größter Unordnung. In einem großen Hinterzimmer haust die Duenna, eine alte Hexe. Das helle Zimmer, offen wie ein Vogelhaus, wo Mariquita badet, ißt und empfängt. Draußen ein Gärtchen. der reiche jüdische Verehrer dalle Torre. Mariquita behandelt Andreas zuerst schlecht, dann lädt sie ihn sogleich wieder ein in einem Brief voll Anspielungen auf Maria, wie sie bemerkt, daß Maria ihn gerne sieht; sie hofft, mit ihm Maria endlich zu verführen.

Am selben Tage, wo Andreas den einladenden Brief bekommt, bekommt Sacramozo einen insultierenden Brief: man sei seiner müde und werde sich um einen anderen Freund umtun.

Mariquita bei dem ersten Besuch, obwohl sie ihn schlecht behandelt, spielt buhlerisch mit seiner Hand und sagt: »schöne Hand, schade daß du einem kalten geizigen Herrn gehörst.« Sie sagt ihm, warum man ihn liebt: sein schweres zurückhaltendes Wesen, man ahnt nicht, wie er sein wird, man kann nie sicher sein, ihn ganz zu haben.

Mariquita: eine Art Schwindel des Daseins; sie unternimmt mit Andreas nachts eine Eilpostfahrt. Embrouilleuse, alles geht schief; das Undurchblickbare, heillos Verwickelte aller Dinge, eine ganze Kette von unglücklichen Einteilungen, alles stimmt nicht. Café in Mestre, im Wagen ist sie eine andere. Hier tut sie als hielte sie ihn für einen Casanova, imputiert ihm Zusammenkünfte mit der Gräfin (mit allem Detail psychologisch und realistisch), dann endlich: »verzeih mir!« dann heftig: »und warum denn nicht? warum nimmst du sie nicht?« Er will sich losreißen, da deutet sie auf ein Geheimnis, verspricht, bald ihre Seele zu offenbaren.

Mit Mariquita ein Abenteuer in einer Sturmnacht. Sie will den betäubten, durch Andreas' Schlag betäubten Gondolier ins Wasser werfen.

Die Courtisane will den Waldmenschen verführen, zu diesem Zweck wird eine Landpartie unternommen. Andreas' ganz verschiedene Gefühle in Gegenwart der zwei Frauen: Marias Nähe beglückt ihn, macht ihm die Welt schöner; Mariquita macht ihn finster, sich anspannend, wild, – nachher verdrossen, ermüdet.

Es erscheint undenkbar, die Hand von Maria in einer wollüstigen Bewegung zu sehen, zu fühlen. Der Fuß von Mariquita erwidert den Druck wie eine Hand, umrankt, preßt wie eine weiche blindere, noch wollüstigere Hand.

Andreas: sein Gefühl für Maria wachsend, so daß ihm schwindlig wird bei dem Gedanken an eine Intimität (– nur die Hand auf ihrem Knie zu haben), ja bei dem bloßen intensiven Denken daran, daß sie eine Frau ist: er wird eifersüchtig auf Sacramozo. Indem er dringend wird, ermöglicht er die Erscheinung von Mariquita.

Andreas und der Begriff »elegant«: die eleganten Menschen sind ihm was dem Michelangelo der Savonarola oder ein in sich verschlossener junger Edelmann war. Die Liebe der eleganten Dame: das ist ihm zunächst sein Ziel; er glaubt darin umgewandelt zu werden, wie sein Großvater durch die Gunst der Erzherzogin. Er sagt sich, »wenn ich ihr Liebhaber wäre ...« – aber er kann sich noch nicht recht hineindenken, es ist ihm, als ob er dann ein anderer wäre (einen Augenblick glaubt er, der Chevalier hielte ihn für den Liebhaber) ... allmählich ahnt ihm, daß Maria für ihn in der Sphäre des Unberührbaren steht, und es ahnt ihm, daß hier sein Schicksal liegt, daß er gleichsam hier vor etwas steht, von dessen Spitze er immer etwas abbrechen muß. Er ahnt, daß Marias Liebe sich auf etwas beziehen muß, was ihm selbst in sich unerreichbar, seiner Eitelkeit wie seiner Unruhe wie seinem Bewußtsein ganz entrückt ist.

Andreas ist Maria gegenüber von der äußersten Schüchternheit, so vollkommen ist ihre Gesprächsführung. Bei dem bloßen Gedanken sie etwas Intimes zu fragen (z.B. ob sie von der Existenz der illegitimen Schwester etwas wisse) ist ihm so wie bei dem Gedanken, daß es möglich sei, die Heimlichkeit ihres Leibes zu berühren, – der Kopf dreht sich ihm. Bei Maria ist die Seele wie ein Schleier über dem Leib.

Seine Beziehung zu Maria ist schließlich die, daß er auf die »gegenstandslose« Freundschaft Sacramozos qualvoll eifersüchtig ist.

Sein Staunen, daß es Menschen dieser Art gibt: alles ist weicher und härter, alles häßlicher und gewissenhafter, alles im Großen gefaßter, im Einzelnen feinfühliger. – Ihm ist, als müßten ihm neue Sinne entstehen, um dies zu begreifen. Daß unseren Sinnen etwas Zufälliges anhaftet, ahnt ihm. – Ihm wird bewußt, wie er sich nur durchtreibt: wie ein Schwein in einem hochgehenden Wasser.

Er fühlt, wie der Malteser ihn trägt und hebt, jedes Wort von ihm 280 reieviert, er kommt sich ganz als Geschöpf Sacramozos vor, aber ohne Gedrücktheit. Er weiß nicht, ob er sich über diese Frau mehr erstaunen soll als über diesen Mann.

Letztes Buch.

Was Sacramozo fehlt, um diese Frau zu gewinnen, ist hohe Selbstliebe, Religion zu sich selbst.

Sacramozo schreibt sich den Tod einer geliebten Person zu; Mariquita behauptet direkt, er habe eine vergiftet. Sacramozo gibt sich schuld an der Geisteszerstörung einer liebenswürdigen jungen Person, die nun wie ein genäschiges Tier dahinlebt.

In ihren Augen die »andere« zu sehen, – das hat ihn zum Philosophen gemacht. Ebenso war sein Vater kurz vor seinem Tode so merkwürdig verändert. So kommt er darauf, die *Masken* das Unterscheidende zu finden. In diesem Sinne sagt er, daß weder Goldoni noch Molière einen Charakter im Individuum geschaffen haben.

Er wirft sich besonders vor, daß er mit der Person, wie sie schon »eine Irrsinnige« war, noch geschlafen hat. Möchte sie eine Muschel besitzen, in der die Stimme ihres toten Geliebten enthalten wäre? auch die Doppelheit der Schrift von Maria kommt in diesem Zusammenhang zur Sprache.

Beim Sacramozo: Bild der Sternkreuzordensdame: Gräfin Welsberg (seine Mutter). – Sacramozo über die Worte seiner deutschen Mutter: er verbietet sich, sich ihrer zu erinnern; später wird er sich ihrer um so völliger erinnern dürfen. – Sacramozo hat die Fügung mit der Wiederkehr des Vetters verstanden und hat sich exilieren gelernt: in Welsberg hätte seine niedrige Natur prävaliert, die höhere Entwicklung seiner Natur wäre gehindert gewesen. – Sacramozo wollte die Burg Welsberg kaufen. Sein Übernachten in dem Zimmer, an dessen Wand die Lebenspyramide gemalt ist (seine Gedanken vielfach über die Lebensalter, sein 93jähriger Oheim) – Sacramozo nimmt als selbstverständlich an, daß von zwei Träumen der spätere den früheren aufklärt, – so verhält sich alles Spätere zu allem Früheren, – nach allen Richtungen. – Der Welsberger Traum: im zweiten ist er Landpfleger, als solcher unerkannt: der an allem schuld ist, der das Todesurteil verhängen mußte usw.

Sacramozo: Glaube und Aberglaube in der Zeit: in Stunden der Exaltation ist er sicher, nur er habe den wahren Schlüssel der Welt, alle anderen gleiten an dem Geheimschloß vorbei, – alles dient ihm, auch eine einmal gesehene Landschaft, ein Pfuhl dunklen Wassers in Westindien. Er wäre wahnwitzig, wenn er nicht recht hätte. Er hat in allem recht, auch daß er der Gräfin den Andreas zubrachte. Seine Kenntnisse: er weiß, daß der Körper nichts vergißt (ebenso der Weltkörper, der große Körper) – Er kennt Marias Leben, wie nicht die Beichtväter. – Sacramozos Geschick: der Schlüssel Salomonis in Hebbels Epigramm.

Das Symbolische an den Rosenkreuzern ist ihm sympathisch, der unbedingt symbolische, also die Welt überspringende Wortgebrauch. Denn in der Seele, sagt er, ist alles: alles Beschwörende, auch alles zu Beschwörende. »Jedes Wort ist eine Beschwörung: ein welcher Geist ruft, ein solcher erscheint.« (Novalis)

So ist ihm das Eigentliche der Poesie faßbar: das Magische der Zusammenstellungen. Goldoni (= die Welt Zustinas, das völlig Unmetaphysische) ist ihm furchtbar, Molière bedeutet ihm nicht viel, der Mimus ist ihm gleichgiltig, auf die incantatio kommt es ihm an. Die wahre Poesie ist das arcanum, das uns mit dem Leben vereinigt, uns vom Leben absondert. Das Sondern – durch Sondern erst leben wir –, sondern wir, so ist auch der Tod noch erträglich, nur das Gemischte ist grausig (eine schöne reine Todesstunde wie die Stillings) – aber wie das Sondern ist auch das Vereinigen unerläßlich, –: die aurea catena Homeri. – »separabis terram ab igne, subtile a spisso, suaviter magno cum ingenio« (Tabula smaragdina Hermetis)

Sacramozo kennt die Gewalt des Schöpferischen. »Wir wissen nur insoweit wir machen. Wir kennen die Schöpfung nur, inwiefern wir selbst Gott sind, wir kennen sie nicht, insofern wir selbst Welt sind« (Novalis). Sacramozo weiß: die Dinge sind nichts anderes, als wozu die Macht einer menschlichen Seele sie immerfort macht. Die unaufhörliche Creation. Die Beziehungen zwischen zwei Wesen als von ihnen geborene Sylphe (Rosencreuzer)

Er sucht das Leben dort, wo es zu finden ist: im Zartesten, in den Falten der Dinge.

Der Abgrund in einem Menschen wie Sacramozo: die Verzweiflung des Beschauenden, der sich fragen muß: »bin ich überhaupt, wenn ich hinweg muß, – werde ich *gewesen sein?* hab ich Haß-Liebe gekannt?? – oder war alles nichts.«

Was *will* ein Mensch wie Sacramozo? … ein rasender Zorn der Impotenz, – »Dero Hochunvermögen«.

Er läßt es geschehen, daß die Sylphe, geboren aus Andreas und der Gräfin, als die mächtigere, die schwächere tötet, deren Vater er ist.

Sacramozo über die mystischen Glieder des Menschen, an die nur zu denken, die schweigend zu bewegen, schon Wollust ist (Traum der Maria).

Über die Mächte: der welcher zu beten vermag. »Vermöchte die Gräfin zu beten, wäre sie geheilt.« Sacramozos mystische Liebe zum Kind, als welches Mensch, nicht Mann noch Frau, sondern beides in einem.

Andreas hat vom Malteser zu lernen: das Erkennen des Wesenhaften, die Überwindung des Gemeinen (– alles Österreichische gemein: die Masse der Kämmerer, Häufung in allem. In Wien kommt es jedem darauf an, etwas vorzustellen). Sacramozos pessimistische Auffassung: ob ich ein Christ oder ein Atheist, ein Fatalist oder ein Skeptiker bin, darüber werde ich mich entscheiden, sobald ich weiß, wer ich bin, wo ich bin und wo ich zu sein aufhöre.

Sacramozo: »die Hoffnung und die Begierde des Menschen, in seinen früheren Zustand zurückzukehren, ist wie die Gier der Motte nach dem Licht.« (Lionardo) Der Blick, den er auf seine Jugendbekannten heftet. Frauen unterhalten ihn mehr, Männer rühren ihn tiefer. Sacramozo – das ist sein Frevel – hält es für möglich, ein zweites Leben zu führen, worin alles Versäumte eingeholt, alles Verfehlte verbessert wird. – »Vierzig Jahre: ich habe nichts mehr zu gewinnen, aber ich darf nichts mehr verlieren.«

283 Sacramozo erkennt den Moment, welcher der Vereinigung Andreas' mit Maria günstig ist: diesen Moment wählt er für den freiwilligen Tod, – seiner Wiederkunft und Vereinigung mit der umgewandelten Maria sicher (er weiß, daß auch Elemente sich verwandeln.) Daß Andreas ihm dann wird weichen müssen – in welcher Weise, darüber denkt er absichtlich nicht nach –, erfüllt ihn für diesen mit wehmütigem Mitleid.

Er hat immer gewußt, dies werde ihm in seinem vierzigsten Lebensjahre begegnen. Er teilt sein Leben so ein: drei Perioden zu zwölf; die erste: Erfüllung, Offenbarung; die zweite: Verwirrung; die dritte: Verdammnis oder Prüfung. Dann drei Jahre des Operierens, dann das vierzigste: annus mirabilis. »Der echte philosophische Akt ist Selbsttötung« (Novalis) – Selbsttötung einerseits als der sublimste Akt des Selbstgenusses, das wahrhaftige Disponieren des Geistes über den Körper, zweitens als die sublimste Kommunion mit der Welt, endlich kontrastierende Übereinstimmung mit dem letzten Wort östlicher Philosophie (Neuplatoniker über den Selbstmord).

Nur im Kleinsten, im zartesten Detail, wie der Körper zu überreden: darin liegt das Geheimnis und die Schwierigkeit. Anknüpfend die Aufmerksamkeit und Verehrung des Nicht-Wiederkehrenden.

»Den Satz des Widerspruchs zu vernichten, ist vielleicht die höchste Aufgabe der höheren Logik« (Novalis) – »Allmähliche Vermehrung des inneren Reizes ist also die Hauptsorge des Künstlers der Unsterblichkeit« (Novalis)

Gespräch mit Maria über den Selbstmord: »... vor allem müßte man sicher sein, sich ganz zu zerstören.« – Hier lächelt Sacramozo.

Sacramozo: »Jeden Morgen geht die Sonne über Millionen Menschen auf, aber wo ist unter Millionen das eine Herz, das ihr rein entgegenklingt wie die Memnonssäule? – ich stand mit Zehntausenden auf einem Hügel, eine Wallfahrt etc. – aber mein Herz war von den ihren abgetrennt. – Wann hat mich die Morgensonne *wirklich* beschienen? einmal vielleicht, in jenem kurzen Traum. Aber ich werde dorthin gehen, wo
284 mich ein jungfräuliches Licht an jungfräulichen Ufern treffen wird.«

– »Aller Anfang ist heiter. Heil dem, der stets aufs neue anzufangen versteht!«

Sacramozos Todestag:

Die Vorbereitung. Fasten. Aspekt der Welt. Anwandlung von Zweifel. Ängstlichkeit, der Entschluß wankend, wieder befestigt.

Letztes Gespräch mit Maria: Abschied und Wiedersehen. die Kraft dieses Gespräches über sie.

Der letzte Nachmittag, Abend. – Die Gedanken *währenddem*. Die Tropfen; das Wissen, von Tropfen zu Tropfen innehalten zu können. Auflösende Wollust, – wie sie fahl wird unter dem Gedanken des Innehaltens. der Aspekt der Welt zwischen Leben und Tod: die Heiligung der Wollust durch das Definitive. Ein ungeheures *Ehren* Gottes in seinen Geschöpfen: ein Eingehen in den Tempel Gottes. Anwandlung von Todesfurcht: Paroxysmus. Verklärung.

Vor dem Tode: hört ein Wasser rauschen, hätte jedes Wasser, das er jemals rauschen gehört, nun heraufrufen mögen.

Stadien der Auflösung: ein wunderbares Nahekommen jedem Wesen, das ein sanfter leuchtender Strom ihm hervorbringt; die Wesen kommen wie Schwimmer aus einem heiligen Wasser: er weiß, daß er nichts im Leben umsonst getan. Die Nahekommenden einzeln, wie ein auflösender Kuß der Seele, – die Bläue eines Gewandes, der Hauch einer Lippe, eine Vogelstimme – (die Objekte im Zimmer: himmelblauer Stoff, eine Maske, silberne Leuchter, Blumen, Früchte, Wasserschalen) – er nimmt es für ein Vorgefühl einer unaussprechlichen Vereinigung und weiß nun, er kann nicht mehr zurück.

Das Sterbezimmer des Maltesers mit Alabasterlampen und Blumen. Sein beseligter Abschiedsbrief: All-Liebe. Ihm scheints kein vages Zerfließen, sondern sublimstes Wahren der Person.

Zur selben Zeit gewinnt Andreas Zustina in der Lotterie. Sie will sich ihm geben, hofft ihn so zu gewinnen, daß er ihr Mann bleibt. Gesteht ihre List, ihn gewinnen zu machen, die sehr gut erfunden war. Ihre Tränen und ihre Fassung; Evidenz, daß auch Nina in ihn verliebt ist. – Nachricht von Romana. – Zustina spricht über die Art von Ninas Liebe im Gegensatz zu der ihrigen, leitet beide sehr scharf und zart aus dem physischen Naturell ab. In dieser Stunde ist Zustina außerordentlich schön. Zustina: »wenn Nina verliebt ist, so hört sich für ihre

Seele alles auf: die ganze Welt ist anders, – sie begreift nicht, wie sie gestern hat leben können. Ich war bisher nicht verliebt, – und wenn es kein anderes Verliebtsein gibt als Ninas, so kenne ich bis heute die Liebe nicht. Denn die Welt bleibt für mich immer die Welt, obwohl sie ein Wesen enthält, dem zu begegnen köstlich ist.«

Letztes Kapitel:

Wie Andreas flüchtet und wieder bergauf fährt, ist ihm, als ob zwei Hälften seines Wesens, die auseinandergerissen waren, wieder in eins zusammengingen.

In St. Vito findet er einen Knecht, der nachts heimfährt. Wie er den nächsten Tag nach Castell Finazzer kommt, ist Romana nicht da. Allmählich hört er, sie sei seinetwegen auf die Alpe geflohen; dann: sie habe ein furchtbares Fieber gehabt, immer von ihm gesprochen, dann habe sie gelobt, ihn nie mehr zu sehen, er komme denn von *Wien*, sie als Frau heimzuholen (die Scham nun so ins Unendliche gesteigert, wie damals die Unbefangenheit).

Er hinterläßt einen entscheidenden Brief für Romana. Letztes Kapitel: er geht bei Tagesgrauen. Bei Sonnenaufgang kommen sie an. Mit der Mutter hinauf nach der Alm. Romana verkriecht sich in den letzten Winkel, droht endlich von droben nach außen hinabzuspringen.

286

Die Dame mit dem Hündchen

Übersicht (ungefähr) 12. IX. 1912, Aussee

I. Ankunft. Wohnung. Lotterie. Besuch bei der Cocotte. Erste Begegnung. II. Der Malteser. Gespräch. Besuch bei der Gräfin, vorher noch einmal bei Nina. III. Entwicklung der Dinge mit der Witwe. Zärtliche Freundschaft mit der Gräfin. Eifersucht auf den Malteser. IV. Die Gräfin gerührt: ihre Geschichte. Die Witwe: feurigste Gegenwart, koboldhaft, Wissen um die »Andere«. V. Beginnendes Zurückziehen der Gräfin (Wechsel der Beichtväter), Abendbesuch. Der Zettel mit der Drohung. VI. ... VII. ... Abendbesuch; beim Hinaufgehen in Andreas das Gefühl, wie völlig er verwandelt sei. Das Schwergewicht des Erlebens: nichts davon könnte ungeschehen bleiben.

Andreas. – Grund, ihn auf die Reise zu schicken: schwierige schleppende Rekonvaleszenz nach einer seelischen Krise, Spuren von Anhedonia, von Verlust des Wertgefühles, Verwirrung der Begriffe.

Einfluß eines Pater Aderkast, der für Andreas das Leben aufgehoben, illusorisch gemacht hat (Aufführungen von Calderon) – Die Begegnung mit dem Pater Aderkast (der süßlich auf ihn losgeht, – ihm ist, als ginge seine ganze Vergangenheit unentrinnbar auf ihn los) verflochten mit einem Abenteuer mit Mariquita: je zerstreuter Andreas durch die wiederholten Begegnungen mit Pater Aderkast, dessen Dringlichkeit er sich kaum erklären kann, umso reizender scheint er für Mariquita zu sein.

Andreas glaubt nicht recht an seine Erlebnisse, das, was er, gerade er erlebt, wird doch nichts sein; er ist maßlos, einerseits nach dem Sinnlichen, andererseits nach dem Idealen. – Er nimmt immer an, man müsse wissen, was in ihm vorgeht. – Er verlangte leise und nicht dringend und war mit Wenigem zufrieden.

Andreas' Lehrzeit: das Dasein des Höheren erkennen, den Gehalt des Lebens erkennen.

In den Erinnerungen der Kinderzeit bleibt etwas peinlich Verwickeltes, das aufzulösen kaum das ganze Leben hinreicht. Mit seiner Kindheit versöhnt sterben. (Tagebuch, »ich möchte mit meiner Kindheit versöhnt sterben«)

Der Großvater Fährknecht bei Spitz, herabgestiegen aus dem Wald-
viertel. Überfahrt der Prinzessin Braunschweig, die ihn bemerkt und
statt eines Erkrankten als Reitknecht annimmt. Der Kaiser reitet ihr
mit hundert Kavalieren entgegen, läßt sich ihr unter dem Incognito
Graf Falkenstein als letzter vorstellen, drückt ihr aber beim Handkuß
die Hand, worüber sie vor Schreck aufspringt, ihm in die Arme fällt,
er ihr nun abwechselnd beide Hände küßt. (dies 1716, der Großvater
geboren 1699, Andreas' Vater geboren 1731, jetzt 48 Jahre alt) – Spa-
nisches Wesen aus diesen Erzählungen.

Als Abschluß der Reisekapitel: Begegnung mit der »Frau an der Aar«
– das Abenteuer der untröstlichen Witwe.

Abschied vom Finazzerhof: er glaubt sich nicht, er bildet die Gestalt
eines andern in sich aus, der wiederkommen wird. Erschrocken nun
in dem Haus am Fluß, wo ihm die trauernde Witwe entgegentritt mit
ihrem »Du selber! du bist es selbst! dir entrinnst du nicht!« – Die
Stimmung höchster Gehobenheit anhaltend von dem Moment mit dem
Berg durch mehrere Tage, umschlagend bei jenem Abenteuer mit der
Witwe (die Hand der Witwe nachts auf seiner Brust).

Eine deutschredende Witwe aus dem Tiefstgelegenen der Sette
Communi. Das auf Papier gemalte Bild des Unglücks, daran der Ehe-
ring. Schickt ihr 16jähriges Mädchen an den Strom knien und weinen.
Ihr Husten (hysterisch von ihr selbst gesteigert), – zuweilen erzählt sie
es ausführlicher. Das Bild ist ihr Gebetbuch und alles. – Eindruck auf
Andreas, »ein Augenblick!« – von hier aus vermag er zu beten, das
trifft ihn. (dazwischen: Kaufmannsdiener, Aufmerksamkeit auf sein
Gepäck, jäh vom Gebet weg. Ein eitles leeres Schwätzen mit einem
Mitreisenden über den Adel der terra ferma) – Die Klagen und
Selbstgespräche der Witwe, unablässig seit 17 Jahren; die ungerührte
Art der Tochter, es ganz kalt zu detaillieren, zu sagen in schleppendem
müden Ton, »nichts freut sie, die Welt ist ihr wie ein Sarg« – wo die
Mutter das Gleiche sagt, aber in a raving way, wodurch doch in der
Qual etwas vom Hauch Gottes bleibt, von der Unerschöpflichkeit der
Natur und des Lebens. Wogegen an der Tochter schon die Körperhal-
tung furchtbar, das gleichgiltige sich-Hinschleppen neben der Mutter,
gleichgiltig Antworten »ja, ja« – nach der Seite Hinsehen, gleichgiltig
Sagen »nun ist der Vater schon seit achtzehn Jahren tot, und sie hört
nicht auf, sie wird nie herauskommen, als bis sie in der Erde liegt.« –

Hier wird Andreas aufmerksam darauf, welch ein geheimnisvolles Verhältnis zwischen dem Augenblick und dem Jahr, ja dem Augenblick und dem ganzen Leben obwaltet; wie ein Augenblick etwa ein ganzes Leben in sich hineinschlingen kann (– etwas Ähnliches dann im Schicksal der Gräfin).

Er hört sie reden, vom Weinen unterbrochen, sie will ins Wasser. Die Tochter hart, über ihre Jahre. Ihm ahnt, daß auf einem gesunden Selbstgefühl das ganze Dasein ruht, wie der Berg Kaf auf einem Smaragd. – Nach allen diesen Vorstellungen fühlt er sich mit Romana untrennbar verbunden, wahrhaft vermählt.

Die Szene wo die Tochter die Mutter wegzerren will, damit sie den Fremden nicht belästige, indem sie der Mutter, die an der Brust des Fremden hängt, die bittersten, eisigsten Wahrheiten sagt, »das ist ein fremder Mensch; der Zufall, den er verwünschen wird, hat ihn hier übernachten gemacht. Was dir widerfahren ist, ist ihm gleichgiltig, er verwünscht den Aufenthalt und dein Geschrei, das ihm in den Ohren gellt. Kaum ist seine Chaise um die Ecke, so hat er dich und mich vergessen wie Ungeziefer in einer unreinen Herberge.« – Andreas' furchtbar zerrissenes Gefühl, innerstes Nichtgenügen vor diesem Jammer, diesem schlechthin Unendlichen; – er verachtet sich um jeder Bequemlichkeit willen ... – hier brechen die Reiseerinnerungen jäh ab.

Er dachte nicht an jedes Einzelne dieser Erlebnisse, und doch waren sie alle in ihm gegenwärtig, jedes war irgendwie immerfort da, sein Inneres war wie eine zitternde Magnetnadel: alle diese Dinge lenkten sie fortwährend vom Pol ab; er war leer und überlastet. Sehnlich bedurfte seine Natur der Leidenschaft, die uns, indem sie uns mitfortreißt, die Last unseres Selbst abnimmt.

Das Haus an dem Fluß mit der untröstbaren Witwe, in allen Räumen, Schuppen etc. ihn völlig umfangend. – In ihrem verhärmten Gesicht ein plötzliches Lichtwerden, die Augen freundlich, der Mund hübsch, das Reinste und Wahrste des Natürlichen an ihr. – Gedanke, ob die Existenz seiner Eltern nicht eine verkappte Hölle.

Andreas' schwermütiges Herumgehen, diese ganz kleinen Details: das Aufnehmen eines Zweiges, zärtlich ihn wegwerfen, aber sanft, nicht weit von sich, ihn noch fühlen, wie er dort liegt. Ablecken von Halmen vor Freude.

Er hat der Witwe in anderer Weise zugehört als alle anderen Leute seit langem; darum kommt sie in der Nacht zu ihm, rührt seine Brust an –: wo sie einmal wieder nach langer Frist menschliches Fühlen spürt, wache und lebe etwas von ihrem Verlorenen.

Abends beim Nachtmahl: ihr Auf- und Abgehen, phantasierend von dem Verstorbenen. Die Tochter sagt, »es ist Südwind.« – Sie nimmt den Fremden bei der Hand, »o nehmen Sie das, nur das von mir, daß ich es aus voller Absicht getan habe, aus ganzem Bewußtsein heraus; – stehe ich nicht wie der Stein in der Mauer, alles möchte stürzen, gerade dadurch muß es bleiben! – können Sie mich fassen? Mordlust (imp of the perverse) ist nichts dagegen, – aus starrem Grausen über die Welt habe ich es getan!« (– gleich sich widersprechend, sich der teuflischen Selbstsucht anklagend) – Furchtbare Stockung, wo alles bleibt, alles starrt, auch die Bewegung. – Die Tochter drängt sie weg, »dem Herrn sein Nachtmahl ist gerichtet, laß ihn in Ruh!« – wie jung die Mutter aussieht im gequältesten Moment. – die Tochter: der Pfarrer weist sie aus dem Beichtstuhl als eine halsstarrig verzweifelte.

Andreas: bei einem allgemein plumpen dumpfen Zustand gewisse Subtilitäten, gewisse unwahrscheinliche Lieblingszusammenstellungen, denen der Geist immer wieder nachgeht, die er als das Eigentliche empfindet, wogegen er das übrige Leben niemals entmischt gewahr wird. Ein solches Anwandeln des Eigensten an jenem Abend an dem Flusse, wo das Haus der betrübten Witwe steht; seltsames Erlebnis dann nachts, wie die Halbirre auf seiner Brust kniet. Er identifiziert sich vorher mit jenem Toten, ihm ist, er hätte jenen Blick geworfen. Im Bette heftiges Denken an Romana.

Er setzt, später die Rollen vertauschend, sich an die Stelle der un-glücklichen Mörderin, Romana an die Stelle des Mannes. Er ist hypo-chondrisch genug, sich das Herabstoßen vorzustellen. Aller Kleinheits-wahn fließt hier zusammen; er malt sich aus, was in Romana er alles zerstört, er läßt sie nicht ganz tot sein, sondern als einen freudlosen Geist fortleben, – dadurch erst wird ihm der Reichtum ihres Lebens klar, er fühlt sich mit ihr verbunden wie nie zuvor, der Gehalt des Lebens geht ihm auf, – er ist selig. – »Wodurch werden wir bewegt? von welcher Kraft, von welchem Punkt aus?« fragt er sich, und ihm graut vor der Unbekanntschaft mit der Macht, die über allem ist.

Die beständige Erhöhung der Materie Romana durch alles was sich begibt: er kann Romana erst besitzen, wenn er sie *glaubt*.

Im Hause der Witwe. Am Fenster bei Sonnenaufgang, Wolken überm Fluß. Stärkstes Erlebnis: Ahnung aller und keiner Liebe in sich selbst,

Ahnung: es kann dir nichts geschehen, du kannst nicht zu kurz kommen. Vorher stufenweise stärkste Anfechtungen; hauptsächliche Apprehension, um das Eigentliche, um den Gehalt des Lebens betrogen zu werden. – Zu sich, »wer immer du bist, fromm oder unfromm, Kind oder Vater, – du kannst nicht verworfen werden, dich hält etwas.« Er meint, er kann dies Etwas fassen. Wessen er sich nicht würdigte, was er nicht für möglich hielt, wozu er hypochondrisch die Möglichkeit sich absprach, – in der Vergangenheit erschien es ihm möglich, im Traum war es sein eigenster Besitz. – Ihm war eines vor allem schwer: zu sich selber zu gelangen, und an dieser Schwere erfüllte sich sein Wesen.

Andreas' Weg: zuerst liebesfähig werden, dann lernen, daß Geist und Körper eines sind. Er hat an dem Dualismus fortwährend gelitten, bald war ihm das eine, bald das andere an ihm selbst nichts wert. Nun lernt er hinter dem einen das andere, immer das eine als Träger des anderen fühlen.

Wie Romana in ihm zu leben anfängt: einzelne Züge, ein Lächeln wie im Einverständnis mit ihm. Dies ihr Aufleben in ihm ist immer mit Ängstigungen verbunden, die wieder mit Heiterkeiten abwechseln. Einmal glaubt er sie an der Riva auf einem Koffer sitzen zu sehen, sie schickt sich an, auszupacken. Er wagt nicht heranzutreten.

Kapitel I, Schluß: Andreas auf dem Bett sitzend, es könne ein Kamel eher durch ein Nadelöhr gehen, als er zu einer richtigen Liebschaft kommen mit der Spanierin, der Zustina, der Nina, – jeder andere könne es eher. – Jetzt, in Gedanken an Romana, schön aufleuchtend: der Spaziergang. Vier Luftschlösser, in denen er mit jeder von den vieren wohnt.

Episode der Bürgersfrau. – zur gleichen Zeit Entfremdung mit dem Malteser. Die Frau eines Schneiders, die mit ihm verheiratet sein möchte. Der Flickschneider sieht ihr durch die Finger. Niedrig bürgerliche Welt, voll Adelsklatsch, auch bezüglich Durchreisender. Antrag, ihm zu willen zu sein und auch andere ihm zu verschaffen, zugleich höchste Achtung für die Tugend. Ganz elementarisches Volksdasein, der niederen Antike gleich. Die Schneidersfrau hat 16 Geschwister. Freundliche Augen und ein hübscher Mund, accomodant, bei der ersten Begegnung nimmt sie ihn für einen großen Herrn, dann mehr für ihresgleichen. Der Mann stirbt. Die Kinder der Frau: der ernste Knabe, wie er ihn anschaut, dabei sich selbst zu vergessen scheint, das anschmiegende Mädchen mit etwas falschem Blick.

Hier ist Andreas gewissermaßen zuhause, bei der Gräfin ist ihm, als lebte er nicht, sondern träumte nur, er fragt sich, ob er jemals gelebt habe. Durch dieses Leben in dem Bürgerhause, wovon er gegen niemand Erwähnung tut, glaubt er ein Lügner und Verräter zu sein. – In dieser Zeit sitzt Andreas dem Zorzi zu einem Porträt, bricht tückisch ab. Zorzi macht ihm Angst vor Intervention der Behörden. Die Katastrophe durch den Tod des Mannes, die Veränderung der Kinder gegen ihn, ihre Bitterkeit, Selbstvorwürfe Andreas', »darf ich sagen: ich stehe bei jemand?« – die Bilder in den Kirchen ihm unleidlich, sie demütigen ihn durch die Mannhaftigkeit der dargestellten Figuren. Ihn ekelt über seine Fähigkeit, sich in alle, sogar den Spion Zorzi, dann einen alten bucklichen Zubringer etc. mit Verständnis hineinzufühlen. Er will dem Malteser das Geständnis dieser Selbstverachtung machen, unterläßt es wieder; der Malteser durchblickt seinen Zustand, erkennt an einer veränderten, wegwerfenden Art zu reden, daß er mit sich zerfallen sei.

Der Malteser gibt ihm den Ariost zu lesen, um der wunderbaren »Welt«, welche darin ist. Er liest ihn nicht in rokokomäßigem Sinn. Er versteht die Bemerkung des Maltesers, daß es nichts Vergangenes gäbe; alles, was existiert, ist gegenwärtig, ja wird im Augenblick geboren (Gefühl beim Anhören Bachscher Musik)

(Für Andreas:) Im Einzelsten vollzieht sich das Geschick, im Einzelsten sitzt die Macht. Nichts was magisch wirken soll, ist irgend vag, allgemein, sondern Besonderstes, Augenblicklichstes. Liebe, – entzündet durch einen drolligen Zwischengedanken, eine Ungeschicklichkeit, eine Zögerung, wie durch eine Gebärde des Mutes, der Freiheit. Das gewöhnliche »Ich« eine unbedeutende Aufrichtung, eine Vogelscheuche.

Andreas und die beiden Frauen: »das Wesen der Welt erschöpft sich in Polarität und Steigerung« (Goethe achtzigjährig) – einerseits von jeder von beiden sich von Mal zu Mal mehr verlangend, – wohin? (der Takt im Wesen des Maltesers verkörpert) – andererseits: Ahnung der Polarität, in jeder liebt er die andere aufs zarteste und reinste, wird dadurch gewiesen, in der Welt nichts Unbedingtes zu suchen.

Andreas' Angst, in Maria oder Mariquita das andere Wesen wahrzunehmen, darüber das Einzige des geliebten Wesens zu verlieren. Er ist nahe daran, Mariquita töten zu wollen, um Maria für sich zu retten.

(die Versuchungen, denen seine Schwäche hier ausgesetzt ist, – »lerne zu leben!«)

Andreas' bescheidener Wunsch, mit Mariquita ehelich verbunden zu sein, allmähliches Hervorkommen der Unmöglichkeit dessen; Brief an die Eltern im Kopf gewälzt, diesen Plan anzukündigen.

Maria und Mariquita. – Novalis, »alles Übel und Böse ist isoliert und isolierend, es ist das Princip der Trennung« – durch Verbindung wird die Trennung aufgehoben und nicht aufgehoben, aber das Böse (Übel) als scheinbare Trennung und Verbindung wird in der Tat durch wahrhafte Trennung und Vereinigung, die nur wechselseitig bestehen, aufgehoben.

Maria Mariquita
wünscht sich, eine hat Furcht vor dem
Greisin zu sein, Altwerden,
stellt sich gern Furcht vor dem Tod,
als gestorben vor
(hierin trifft sie
sich mit Sacramozos
Überwindung der Zeit)
liebt alte Leute siecht nicht gern alte Leute
hat Furcht vor Kindern zieht Kinder um sich

Marias Rührung über eine alte Frau, deren Haut zu berühren niemand begehrt.

Mariquita gourmande und Kochkünstlerin, Maria ißt auch gern gut, unterdrückt es aber und versteht nichts von der Küche. Mariquitas Begierde, zu erleben, maßlose Neugier, den Fuß überallhin zu setzen, in alle möglichen Situationen zu kommen, alle Spelunken zu betreten. Alles was Andreas vorbringt (von der Schönheit fließenden Wassers usw.), nimmt sie gesteigert auf. Sie hört, wovon die Leute reden, wo jetzt etwas los ist, etwas zu sehen ist (der Gemüsemarkt gegen Morgen, der Fischmarkt, Kellerphantasien, Postfahrten auf dem festen Lande, Episode der Seiltänzer).

Mariquita: eine ganz ungreifbare Person. sie läßt sich küssen, mehr nicht, läßt durchblicken, sie sei eine anständige Frau, aber einen Geliebten habe sie wohl. – Er führt sie in Spielsäle, in andere Unterhaltungsorte, manchmal ist sie ihm plötzlich vom Arm verschwunden, manchmal wird sie krampfhaft starr, sieht ihn dann plötzlich mit dem Gesicht Marias an. – Bei der Gräfin kommt es ihm als etwas Ungeheures, gar nicht im Ernst zu Denkendes vor, daß sie sich geben könne, bei Mariquita als etwas Ungeheuerliches, daß sie es nicht tut. In beidem geht er zu weit, beides sind Trichter, durch die er hinaus ins Bodenlose fällt. Er sehnt sich, mit dem Malteser darüber zu sprechen, begegnet statt dessen dem Herzog, der sich mit den Hunden herumbeißt.

Mariquita zu Andreas, »ich bin in dich vernarrt, weil du der erste 294 warst, den ich bei meiner Befreiung gesehen habe. Ich weiß, daß du nichts so Besonderes bist, aber ich seh dich immer noch mit so verzückten Augen, – es ist halt alles Zufall.« – »an jenem Tage war ich zum ersten Mal ganz heraußen; – vorher verstand ich schon Briefe zu schreiben.« – die Kraft, Abenteuer anzuknüpfen, weil sie unbedingt frei ist.

Mariquita empfängt in einer sonderbaren Wohnung, angeblich ihrer Herrschaft, die sie sich unter erlogenen Vorwänden ausgeliehen hat; sie fingiert, Gesellschafterin zu sein oder was immer. Andreas' Gewissenskonflikt, sie zu heiraten, da er ihrer, allerdings reizenden Fehler gewahrwird. – Das Absichtslose manchmal an ihrem Schwätzen, das Verträumte, – »werd ich dich ganz haben?« fragt Andreas, – »Ganz, und noch eine dazu.«

Wie Mariquita ihre Bekanntschaften macht: als Gouvernante sich vorstellend, sammelnd für religiöse Werke. Immerfort Ausflüge, sie hat immer was erkundet. Auf den Ausfahrten bringt sie Andreas in allerlei Gesellschaft, wo er Spott und Hohn zu leiden hat, auch verwirrt, übertölpelt und beschämt wird, »Ihr wollt ein Beamter werden?« – Mariquita läßt sich gern die Geschichte vom Onkel Leopold erzählen. – Sie führt Andreas unter anderen zu einem Irren, dessen Nichte oder Haushälterin sie zu sein vorgibt; der kommt herein, redet für sich, ohne die Anwesenden zu sehen. – Einmal weiß sie sich nichts Besseres, als ihm die Andere in ein sonderbares Haus locken, ihn dann mit der verwirrten beschämten anderen nach Hause gehen zu lassen. Die Andere spricht kein Wort, scheint zu Tode beschämt und geängstigt, so daß Andreas sie verläßt.

Ihre schönsten Augenblicke: ihre Fähigkeit, auch im scheinbar Häßlichen die reinen Elemente zu gewahren, auf dem Fischmarkt, auf dem Gemüsemarkt, beim Einkaufen einer Mahlzeit. – Er will mit Mariquita eine Reise machen nach dem Hause der Witwe; dazu kommt es nicht mehr nach langen Komplikationen. Sie will kein Mal wieder mit ihm nach demselben Ort, wo sie das frühere Mal zusammen waren. Dadurch trennt sie das Gewebe jedesmal wieder auf. – Andreas, »wenn ich nur um deine Einsamkeit wüßte? wie bist du denn da?«

Mariquita fragt gerne Andreas über den Malteser aus, es ist fast, als schwanke sie manchmal zwischen beiden; »was würde er da sagen oder tun? ah, ist er so? – bewundern Sie ihn sehr? würde er mich mögen?«

Mariquita sieht den Malteser, während er mit Maria verliebt und bewegt spricht. Sie (ihr Widerstrebendes) hindert Maria, den Malteser wahrhaft zu lieben.

Mariquita behauptet, alles von der Gräfin zu wissen, bis in ihr erstes Lebensjahr zurück; so erzählt sie einen Teil der Biographie, – nie ihre eigene. Andreas fragt, »und was war mit dir, wie du Kind warst?«

Mariquita, einmal durch einen Schrecken ohnmächtig geworden, verwandelt sich in Maria, – bei dem Sturmabenteuer, am Quai, in einem fremden Hause, wo er sie hineingetragen hat. Sie war an diesem Tage müde, unausgeschlafen; ein schöner Sonnenuntergang, dann Gewitter.

Geschichte Marias: nach maßloser Liebe verlassen. heiratet einen ungeliebten Mann, der sie nur einmal besitzt; der wird schwer krank, sie pflegt ihn auf der Landstraße in einem Wirtshaus, – da kommt der Treulose ans Fenster. – Grundgedanke Marias: das Unendliche, – wie ist es möglich, einen mit einem anderen zu vertauschen.

Das Seelenleiden datiert von dem Tag, wo sie, ihren ungeliebten Mann pflegend, nach dem Tode ihres Kindes, des Geliebten, Ungetreuen unerwartet ansichtig wurde. »Mich hat das Leben auseinandergerissen, nur Gott im Himmel kann mich wieder zusammensetzen.«

Das Erlebnis: sie beantwortet allmählich doch einige Briefe des Liebhabers, geht darauf ein, ihm einmal zu begegnen. Sie denkt dabei nicht über die Wollust des Begegnens hinaus, – in diese aber stürzt sie sich hinein ohne Grenzen: es ist ihr anders als jenes häufige ihn vorbeigehen Sehen, die Begegnung ist ihr wie das Plastische gegenüber dem Visuellen, ein Mehr. Dagegen wird ihr der Mann immer mehr flächenhaft. Kurz vor jener Begegnung hält sie inne, kehrt um, geht nach Hause. Ihr ist, als säße der Mann an ihrem Stickrahmen, wartete auf sie, träfe sie mit seinem Blick. Wie sie nach Hause geht, fühlt sie den Liebhaber sich im Rücken, wendet sich aber nicht, hat die Kraft, bis an die Schwelle zu kommen. Sie geht die Treppe hinauf, öffnet die Tür, da sitzt der Mann wirklich am Stickrahmen, den Blick auf sie, aber tot.

In der Ehe hatte sie eine Anwandlung vom Absterben des Wertgefühls. Die Gräfin einmal allein, sieht im Spiegel, wie sie sich verwandelt, nachdem alles in ihren Gedanken (Vergangenheit, Gott, Reinheit) ein anderes Gesicht angenommen hat. Der gequälte Ausdruck in ihrem Gesicht kämpft mit dem triumphierenden, dann erhebt sich Mariquita und schleicht die Treppe hinab.

Einmal während Maria zu Andreas und dem Malteser spricht (von spanischen Titeln und Sukzessionen, bewußt langweilig, weil sie sich nicht erregen *will*) verliert sie sich: das andere Gesicht tritt hervor, sie spricht in einem ganz anderen Ton, ihre Augen schwimmen, ein feuriger Blick trifft Andreas, – dann ist es wieder vorbei, sie wird totenblaß, findet mühsam den Faden. Während dieses Aufglühens sagt sich Andreas, »ich bin besessen, meine Einbildungskraft spiegelt mir die andere vor«, – er wird rot vor Scham und hat Tränen in den Augen. – Auf die Gleichheit der Hände gestattet sich Andreas nicht einzugehen: er will einen Unterschied finden.

In Maria subliminares Grauen vor allem auf der Gasse sich Zutragenden, zunehmende Unlust, auszufahren, die der Malteser zu bekämpfen sucht. Purifikation, Einäscherung des Herzens, Verherrlichung der Abtötung, Interesse für den Platonismus des Maltesers, Neigung zum Molinismus.

Die Predigt, die sie an diesem Nachmittag gehört hat über die Tätigkeit der Würmer am menschlichen Leichnam und gleichzeitig das Vergessenwerden auch von den nächsten Angehörigen; wie dagegen keine Rettung sei, als bei Gott.

Beichtvater: Spanier. zu diesem hat Mariquita ein sonderbares Verhältnis, sie schreibt auch an ihn, sie droht ihm, Maria auf einen anderen Weg zu bringen. Sie widersteht seinem Blick. – Starke Wünsche von Mariquita empfindet Maria als Impulse.

Mariquita über Maria: sie wollte keine rechte Frau sein, – wollte nicht Christus vergessen.

Andreas – Maria: es kommt bis zum Mieten eines Zimmers; seine Furcht davor, sie zu besitzen, – ihm selbst unbewußt. – Maria fühlt sich durch eine Stimme gewarnt, spricht tonlos nach, was vermeintlich die Stimme ihr vorsagt, »tus nicht, tus nicht.«

Geständnisse der Kranken (scheinbar fiebernd, doch fiebert sie nicht), wie Mariquita ihr die Füße vom Leib gehauen und sie versteckt habe. – Andreas stürzt bei der Erzählung aus dem Zimmer. Er bekommt jetzt unaufhörlich Briefe von den beiden. Schließlich geht die Dame ins Kloster.

Der Malteser. – Er bewegt sich in einer Zeit, die nicht völlig Gegenwart, und an einem Ort, der nicht völlig das Hier ist. – Für ihn Venedig Fusion der Antike und des Orients, Unmöglichkeit, von hier ins Kleinliche, Nichtige zurückzusinken. Morosin Peloponnesiaco sein Urgroßvater. Besitz einiger Antiken, darunter ein früher Torso.

Mehrere Menschen in ihm: wenn er Gärtnerei treibt, draußen an der Brenta, in Hemdärmeln, bürgerlich 1840 anticipiert; die Ahnung für Andreas, wie auch seine eigenen Enkel existieren werden.

Verbundenheit. Alleinsein mit dem Kind, Aufschauen des Kindes, »aus der Substanz, die ich nicht suchen darf – denn ich habe sie –, bauen sich alle Himmel und Höllen aller Religionen auf, – deren Wegwerfen die finsterste Nacht wäre. – Der Blick des Kindes verbindet mich, die Worte in meinem Mund, mit diesen Mauern, deren Schutz und dem Selbstverständlichen. – »Impavidum ferient ruinae« – eine Interpretation, ein Hinaufrufen innerer Kräfte, sich- Besinnen auf Ressourcen, nur das Kataklysma offenbart höchste Wollust.

Sacramozos zwei Träume in der Amtsstube in Bruneck am Schreibtisch. I) Er wohnt allein im Schloß. Hahnenschrei, ein zweiter, ein Läuten. Er steht auf, bloßfüßig, fühlt durch die Fußsohlen alles bis hinunter in den Berg. Die Müllerstochter am Tor, macht Feuer an, tränkt das Vieh im Rittersaal, – lauter symbolische Zeremonien. Er vermählt sie dann in der Laube mit seinem Sohn. Gegenüber aus der Bergwand treten silberne Ahnen, so schön, daß er träumend ausruft: ich träume. –

II) Alles zweideutig: er ist Landpfleger, aber niemand darf es wissen. Im Hausflur ein Feuer, Mägde: an die Wand gekettet der Gefangene. Verleugnen. Jedesmal dazwischen durchfliegt er die Landschaft: Bäche, Friedhöfe, – dahin, dorthin. Schon matten Fluges glaubt er, muß er finden, wer der andere ist, – es ist wie ein verlegter Schlüssel. Der Gefangene, »kennst du mich denn?« nun kräht der Hahn. Er weiß, es ist zum dritten Mal, und weiß, er hat seinen Heiland verraten. – Der wirkliche Pfleger herantretend, »ich muß Ihnen die seltsamste Begebenheit erzählen: der Graf von Welsberg ist zurück aus dem Türkenkrieg.« – man glaubte ihn bei der Veteranischen Höhle gefangen, geköpft von Janitscharen.

Seine Hypochondrie, unsagbare Abhängigkeit von der Luftbeschaffenheit; sein Hochmut diesen Dingen gegenüber, Verschlossenheit. – Antipathie gegen rohes Geschrei, Hundegebell.

Das Streben nach Vollkommenheit muß fromm machen. Seine Erklärung, was ihn gelehrt habe, das sinnlich Vollkommene, obwohl er dafür sensibel sei, gering zu achten (– jenes sinnlich Vollkommene, wie es sich beim Veronese im Verhalten eines vollkommenen Weiß zu einer entblößten Kehle ausspricht, desgleichen beim Correggio) –: der Zustand des Verfalls von Venedig hat ihn die Eitelkeit aller Dinge gelehrt.

Perfektomanie: Ausdenken prunkvoller Feste führt dazu, kein Fest vollkommen zu finden als das Begräbnis eines Kartäusermönches.

Sein Schlüssel, daß er die Gesinnung der Menschen zu durchschauen vermag, die Natur: wie für einen Frommen alles abgetan ist, wenn er den andern gottlos weiß, unfähig Gott zu suchen, so ist bei ihm alles erledigt, wo er kein unbeteiligtes und einheitliches Streben nach oben fühlt; er hält sich an das was er das Menschliche nennt, er durchblickt mit Raschheit das nur Partielle – »was nützt ein verworrenes Bestreben, eine vereinzelte gute Eigenschaft? – das Faß der Danaiden, das Rad des Sisyphus halt ich mir vom Leibe.«

Sacramozos Interpretation des Schriftwortes »suchet erst das Reich Gottes, und alles andere wird euch zugegeben werden«– hier in den Geschöpfen sucht er das Reich Gottes. »das Ergon«, sagt die Fama, »ist die Heiligung des inneren Menschen, die Goldmacherkunst ist das Parergon« – solve et coagula. das universelle Bindemittel: Gluten; das universelle Lösemittel: Alkahest; – in der Liebe ist beides. In der Liebe: immer sublimieren, verflüchtigen, das Leben, den Moment aufopfern für das daraus herzustellende Höhere, Reinere, – dieses Höhere, Reinere zu fixieren suchen.

Malteser, ein Motto: »le plus grand plaisir de tous les plaisirs est de sortir de soi-même« in »Amours d'Eumène et de Flora« (bei v. Waldberg, »Geschichte des Romans«). Die ganz schlimme Stimmung, die bei ihm einer Krise vorausgeht, er ist dann ganz unangenehm, eigentlich unausstehlich, sogar unhöflich. Der Blick der Verachtung auf alles, auch auf Andreas, der vernichtende Spott über Andreas: er annulliert ihn förmlich (sowie sich selber); die verzehrende Ironie und quälende Unruhe, die ihn umhertreibt. In einem solchen Zustand coinzidiert seine Krise mit einer entscheidenden Krise von Maria: Mariquita spricht plötzlich zu ihm, verhöhnt ihn. Er läuft fort, hat eine Krise tiefster Selbsterniedrigung, aus der er sich zur höchsten Reinheit und freudigen Überwindung erhebt. Vorher läuft er an verschiedene Orte (auch zu Nina), wo er Rückschläge und Demütigungen erleidet. – »Wie kann«, fragt er sich, »aus der unwerten Substanz die würdige Substanz werden, aus dem Chamäleon der Adler, aus dem Unflat der Edelstein?«

Malteser: der völlige Zusammenbruch des Mannes von vierzig Jahren. Er kann nicht mehr erwarten, daß noch Aufklärung, rettende Offenbarungen kommen, und kann nicht bei den älteren als er selbst ressourcen vermuten, die ihm vorbehalten sind; er darf niemandem bittend, zutraulich-schülerhaft nahen; an ihm ist das der Erlösung Fähige sein *Werk* (der junge Mann da vor ihm) – Er ist selber die oberste Instanz; im Leben steht er nicht mehr mit Neugierde, sehr viele Verhältnisse sind nicht mehr möglich. Dies alles erkannt, hypochon-drisch gesteigert; er findet sich nicht recht drein in dem Alter, das er wirklich hat. Zu der Gräfin steht er schülerhaft, diese Aufgabe geht über seine Kräfte: alles was er ihr tut, ist ein Schein-Tun; furchtbarste Zweifel hier, die jedesmal abzubrechen und im Tun fortzufahren er den Anstand hat. – Sein Schatz: das Wissen um die Einzigkeit. Das ist der heroischeste aller menschlichen Zustände (siehe Friedrich II.).

Wer könnte ihn maßlos weinend, maßlos werbend denken? – ihm fehlt jener Beisatz von Schauspielerwesen, der dem Priester, dem Propheten nötig, ohne den dieser nicht bestehen kann. Wie überhaupt jede Kraft zu ihrer Existenz den in ihr latenten Gegensatz zu sich selber nötig hat; der unsagbare Reiz der Schamhaften, zu denken, wie sie die Scham überwinden, der Hochmütigen, Kühlen, sie sich erglühend vorzustellen. – So in jedem Reiz zum Nehmen der tiefe Anreiz zum Nichtnehmen (das Geheimnis in Grillparzers Verhältnis zu Kathi) – die Zweiheit Person geworden in Maria und Mariquita. – Mit Aufschlüssen ähnlicher Art verwirrt Sacramozo gelegentlich Andreas, so einmal nach einem gemeinsamen Ausgehen (Souper, Casino), wo Sacramozo viele Leute begrüßte.

Sacramozos Form zu erzählen, – anstatt, »ich war einmal in Japan mit Pilgern ...« sagt er, »gehen Sie nach Japan; Sie werden drei, fünf Tage mit einem Pilgerzug wandern ... – die Frage ist, ob Sie die Sonne werden rein aufgehen sehen ...«

Malteser: »beachten Sie, daß jeder an dem andern nur das ihm selbst Gemäße eigentlich gewahr wird; wir formen rings Statuen nach unseren Maßen. Problem: worin liegt Vereinigung mit einem Wesen? im Erkennen? im Besitz? im Ansprechen? ...« (Hauch indischer Spekulation).

Malteser zu Andreas, »weiß denn ein junger Mensch, was er fordert, was er sich wünscht?« – »die vielen Beziehungen, – und ob sie zu etwas führen, – hiezu bedarf es einer Führung von oben.« – Malteser hat den Begriff der Gewalt inne, den Andreas erst erwerben muß.

Der Malteser und Andreas – verglichen. – Andreas: Autoritätsglaube durch und durch bis ins Äußerste des peripherischen Daseins verästelt, daß er alles, was er erlebt, analog einem Eigentlichen, aber diesem nicht identisch, empfindet, so auch sein Tun –: wo anders sind die richtig Tuenden; ihm eigen seine Hemmungen, ihm eigen die Naivetät dem Leben gegenüber. Malteser: zweifelt nicht an sich, sondern an seinem Schicksal. Er hatte im Genuß, im Leiden das Ganze, Zweiseitige beisammen, aber alles blieb ihm partiell, wogegen Andreas die Ahnung hat, wie alles zusammenkommt, nur nicht the grasp to get it. Malteser weiß: mein Befehl ist Befehl, mein Lächeln hat werbende Kraft im allgemeinen, – aber was nützt es en somme? – beim Malteser nicht das Flackernde, wie bei Andreas, nicht die Zweifel, Anwandlungen, nicht der »schlechte Film« – er ist der Resultate sicher, aber er kann leicht mit ihnen im luftleeren Raum sich finden: »eh bien? was weiter?« sagt der Doppelgänger, »aha! na ja, was weiter!«

Andreas' aufdämmernder Gedanke, daß für den Malteser, der mit jedem Menschen zu reden weiß, vor dem sich alle Schranken öffnen, es doch auch *eine* Hemmung gibt. Dieser Gedanke hat fast etwas zu Tränen Rührendes für ihn.

Die Briefsache. Kapitel V. – Zorzi, »hier hat der Malteser einen Brief liegen lassen.« Andreas, »lassen Sie mich ihn zurückgeben« – fast als hätte es seine Zunge selbstmächtig gesagt; ihm lag unendlich an der Erfüllung dieser Bitte. Läuft nach. Malteser steckt ihn ein, unvergeßlicher hastiger Gang. Malteser kommt nach ein paar Minuten, »Sie irren, der Brief gehört nicht mir.« – Andreas, »bestimmt mir nicht.« – Kapitel VI. nach paar Tagen: Malteser fährt ihm nach, »ich muß Sie bitten, mir zu sagen, was Sie bewegen konnte, mir damals jenen Brief zu geben. Es gibt Zusammenhänge, die einen nicht ruhen lassen. Der gefaltete Brief hatte außen eine andere Schrift als innen; ich glaubte, er gehörte mir« – er errötete bei dieser Rede; Andreas schwört sich, die Worte ›schön‹ und ›häßlich‹ mit Vorsicht zu gebrauchen.

Malteser winkt einer Gondel, um den Brief zu lesen, fängt an, indessen der Gondolier die Gondel richtet, vergißt einzusteigen. Der Gondolier wagt nicht, ihn aufmerksam zu machen. Er steht schnell auf und steckt schnell den Brief ein. Steigt ein, versucht über den Brief hinwegzukommen. Begeht einige Irrtümer in Wohnungen, fühlt sich dann maßlos unheimlich in der eigenen Wohnung, will den Brief verbrennen. – Ahnung des Todes durch diesen Brief.

Er glaubt, daß der eine oder der andere seiner beiden Diener den Brief weggeschafft haben muß, – aus welchem Grunde etwa? der Alte, um ihn zu schützen? der Junge, um den Alten zu schädigen? – Endlich findet er den Brief, überlistet ihn. er findet ihn unter Reiseaufzeichnungen, wohin seine Hand ihn schlafwandelnd gelegt, an einer besonderen Stelle, bei einer Aufzeichnung bedeutungsvoller Art aus Japan. – Sein Grad des Mitgefühls und dadurch Verstehens seiner beiden Diener. Es ist ihm unmöglich, den älteren Diener, bei dem Verwandtenbesuch ist, zu stören; deshalb ist er die vordere Treppe hinaufgegangen, fällt ihm dann ein. Er denkt selbst darüber nach, seine Diener in Japan fallen ihm dabei ein, wo er ihrer vierzehn hatte, Männer und Frauen. Er bemerkt flüchtig, daß er in sich eine ganze Gedankenkette ausbildet, die sich ständig mit diesem Diener beschäftigt. – sein alter Diener: zwischen ihm und dem Diener stimmt es nie. der junge Diener, der mit dem alten immer im Streit liegt. – Der Malteser sperrt den Brief ein und sucht ihn gleich darauf.

Nach dem Brief: der Malteser sucht seinen inneren Aufruhr durch Vernunft zu durchblicken, die entfesselten Assoziationen (nach Lockes System) zu ordnen; er offenbart in sich selber Courtoisie, Grazie, Schamhaftigkeit. Die unerschöpflichen inneren Kräfte, – vertrauensvoll – Engelsscharen, die er heraufruft. Eines Menschen ganzes Wesen muß bei einem solchen Kampf mit innerer Zerrüttung an den Tag kommen: die gewohnten Bahnungen, die Lieblingsassoziationen. –Subtile Assoziation an eine Reiseerinnerung: Wallfahrt mit Japanern, Gewahrwerden des Lichtes. Er hatte sich vorgenommen, jeden Tag das Kommen der Sonne zu feiern, – warum kann er es nicht immer feiern? – er versucht jetzt die Assoziationen auf etwas Hohes und Reines hinaus zu ordnen, er weiß, daß nur Unzulänglichkeit dem Kosmos entgegensteht. Er kniet nieder, betet zu dem höchsten Wesen. Das Chaos, der Tod weht ihn an, dem Erliegen nah gleicht er dem zarten Knaben, der er war, mit einer fliegenden Röte auf den Wangen.

303

Eine Begegnung zwischen dem Malteser und Andreas auf einem vor Anker liegenden Schiff. Einladungen ziemlich geheimnisvoll durch den Kapitän. Courtisanen, auch eine völlig verschleierte (Mariquita). Sacramozo sichtlich verlegen gemacht durch die Verschleierte; er führt zwar mit Sicherheit die Konversation, ihn interessiert sehr ein Inder, der teilnimmt, aber abseits ißt. – Alles auf Mariquitas Betreiben, »ich wollte euch einmal miteinander sehen«. Dies ist das einzige Mal, wo Mariquita und Sacramozo zusammen sind. Beim Nachhausefahren sprechen sie nichts über die ganze Sache, nichts über die Einladung. Andreas fühlt, daß der Malteser es für möglich hält, es könne die Gräfin gewesen sein. Ihr Gespräch dreht sich um Schicksal und Tod. In dieser Nacht zum ersten Mal lädt Sacramozo den Andreas ein, ihn zu besuchen.

Das Fest: eine feierlich symbolische Veranstaltung, Andreas' Einweihung. Es bleibt geheim, in welcher Gestalt Sacramozo selbst an dem Feste teilgenommen habe. Anklang Verhältnis Hafis zu dem Knaben-Schenken, den er aus Flammen seiner Liebe zu Suleika heraus beglückt. – Mittelpunkt des Festes eine Art Begegnung von Maria und Mariquita oder Transmutation von Maria, die im magnetischen Schlaf hereingebracht wird: es geht schlimm aus.

Dem Malteser vorschwebend: »der größte Zauberer ist der, welcher sich zugleich selbst zu bezaubern vermöchte.« [Novalis] Dies als Ziel, da ihn bedroht: Verworrenheit, nicht mehr Verstehen des Nächsten, Verlieren der Welt und seiner selbst, – dies alles in seinem Verhältnis zu Maria. – Maria nährt aber zugleich unwillkürlich in ihm das Wissen jener anderen Seite der Welt, – nämlich Mariquita hat es sich vorgesetzt, dadurch den Malteser von Maria wegzulocken, daß sie ihn die Seite von Maria ahnen läßt, die Andreas zugekehrt ist. (Dieses Spiel hält sie vor Andreas durchaus verborgen) Denn Mariquita fürchtet den Malteser als den stärksten Halt Marias im Leben.

Malteser: »eigentlich weiß man nur, wenn man wenig weiß; mit dem Wissen wächst der Zweifel« (Goethe) – »es gibt Menschen, die ihr

Gleiches lieben und aufsuchen, und wieder solche, die ihr Gegenteil lieben und diesem nachgehen« (Goethe) – aber sind denn Menschen wie der Malteser in dem Falle, ein Gleiches und ein Gegenteil zu haben? – daß er alle Menschen nicht mehr versteht – (je weniger er versteht, desto mehr fühlt er, wie Andreas' Fühlen, Ahnen und Erkennen sich erweitert), – dem entgegen das arcanum: er hat einen gefunden, der liebend verstehen wird. So wird sein Rückzug lieblich, wieder in den Spiegel geht, sich mit seinem Bruder zu vereinigen. Der Kreis wird ihm bedeutungsvoll. Das Vorwalten des Kreises in den Werken und Aufzeichnungen Lionardos. – Wenn die Sonne tief steht, leben wir mehr in unserem Schatten als in uns selbst.

Das Allomatische; das Dürftige des irdischen Erlebnisses. An der Gräfin zieht ihn an, daß das Andere in ihr für sie so bedeutend sei, – er vermutet eine auf dem Weg der Verwandlung weit vorgeschrittene Seele. An Andreas ist ihm anziehend, daß dieser von den Andern so beeinflußbar, der andern Leben ist in ihm so rein und stark vorhanden, wie wenn man einen Tropfen Blutes oder ausgehauchte Luft eines andern in einer Glaskugel dem starken Feuer aussetzt, – so in Andreas die fremden Geschicke. Andreas ist wie der Kaufmannssohn [im »Märchen der 672. Nacht«]: der geometrische Ort fremder Geschicke. (Die Lucerna oder Lebenslampe: eine Kugel aus Alabaster, worin das Blut eines ferne Abwesenden, das durch Bewegungen und Leuchten anzeigt, wie es diesem ergehe, bei Unglück aufwallt oder finster glüht, beim Tode erlischt oder das Gefäß zersprengt).

Sacramozo und Andreas: das allmähliche an seine Stelle Setzen des andern; dies anknüpfend an Andreas' Widerwillen, sich des Erlebnisses mit Gotthilff immer wieder zu erinnern. Vor dem Zurückliegenden graust nur dem, der auf niedriger Stufe stehend annimmt, es hätte anders kommen können. »War ich, als jenes Wesen mich zuerst küßte, irgend einer, – so wird alles schal; war ich der Einzige (mit Anticipation aller Stunden bis zum Tode), so ist es erhaben.« Liebe ist Vorwegnahme des Endes im Anfang, daher Sieg über das Vergehen, über die Zeit, also über den Tod. – Bemerkung von Novalis über die mystischen Kräfte der Selbstschöpfung, die wir den Frauen zutrauen, daß wir ihnen zumuten, den ersten besten lieben zu können (Thema der »Sobeide« und auch des »Tor und Tod«) – Liebe ist die Anziehung, welche jene belebten Gegenstände auf uns ausüben, mit denen wir zu operieren berufen sind. Operieren heißt, einen belebten Organismus durch Verwandlung zur Vollkommenheit führen. – in Bezug auf Maria: die Kraft finden, die Kette der Erlebnisse von sich aus als notwendig zu empfinden: egozentrisch der höheren Stufe.

Der Malteser hofft nicht mehr, mit Maria Kinder zu haben, Andreas könnte ihm ein ›Sohn ohne Mutter‹ werden.

Sacramozo sagt von Maria, »es bestand wohl die irdische Möglichkeit, daß sie sich mit mir vermählt hätte, aber nicht die höhere«. Für ihn ist Maria Mitarbeiterin durch die Lauterkeit ihres Wesens. Das Zusammenführende in ihm: er will Andreas und Maria zusammenführen. Diese sollen *jetzt* ein Paar sein, – dann die wiedergeborene Maria mit dem wiedergeborenen Sacramozo (in welchem auch Andreas ist) – Er muß die Wahrheit wissen: so weiß er das Leben Marias, – aber von Wert für ihn ist nur das Lebensgeheimnis jedes Wesens. Da nun das Leben an der Oberfläche und in der Tiefe ist, so kann das Lebensgeheimnis nur durch die Vereinigung beider erfaßt werden.

In allem mag er es versehen haben, seine Haltung rechtfertigt ihn. – Selbstgenuß, höchster, reinster, – Sacramozo sucht ihn: die Vereinigung mit sich selbst, Identität, völlige Übereinstimmung von Sich-Wollen und Sich-Wissen. Er sucht diesen Zustand Andreas zu vermitteln; diesem hilft die Liebe. Die Gräfin ist dieses Zustandes, freilich aus pathologischen Ursachen, teilhaftig: jeder Anstoß, der von Mariquita ausgeht, ist für Maria durchtränkt von der Atmosphäre der in Geheimniszustand erhobenen Selbstheit, – ebenso ist Maria für Mariquita das einzig Erlebenswerte (sie liebt und haßt sie). Marias Geständnis, welche Wollust sie aus dem Versinken in die »andere«, ja aus dem bloßen Anklingen dieses Zustandes schöpfe (das erstere ist ihr eine mit Grauen gemischte Wollust, – daß ihr dies das Leben des Lebens sei, ja daß jede Süßigkeit, jedes Vorgefühl der Vereinigung mit Gott sie in diesen Zustand hinüberzuführen drohe. (Gespräch mit dem spanischen Beichtvater hierüber, unter Selbstvorwürfen. Sie fühlt sich verantwortlich für mehr als sich selbst. Der Jesuit beruhigt sie.) ad Sacramozo: »quod petis in te est, ne quaesiveris extra« – Herr unseres Selbst sein, hieße alles, auch das Subliminare, präsent haben.

Ein Wesen mit stärkster Präsenz kann nie Furcht empfinden, außer in der realen Gefahr, weil Furcht immer sonst etwas Eingezwängtes, nicht Präsentes voraussetzt. Magier, der ein unsichtbares Glied zu regen meint. Was ist dies, als seinen Willen spüren, sich zusehend als einen

Wollenden spüren, nicht in der Materie (wie Napoleon), sondern im Geist.

Sacramozo: »das heiligste Verhältnis ist das zwischen der Erscheinung und der Wesenheit, – und wie unablässig wird es verletzt! man kann denken, Gott habe es unter Stacheln und Dornen verborgen. – Wir besitzen ein Arsenal von Wahrheiten, welches stark genug wäre, die Welt in einen Sternennebel zurückzuverwandeln, aber es ist jedes Arkanum im eisernen Tiegel verschlossen, – durch unsere Starrheit und Dummheit, unsere Vorurteile, unsere Unfähigkeit, das Einmalige zu fassen.«

Der Malteser und die Welt: zu denken, daß Alles, Alles verhüllt ist. Das verschleierte Bild von Sais steht überall. sein brennendes Verlangen nach der Reinheit aller Dinge.

Sein anderes Gesicht, das nur er sieht: so kindisch, auch schwach, unzulänglich. möchte sich aus dem Dasein wegwischen. fühlt sich von Maria geprüft, durchschaut. Ihre Hemmung, – darin sieht er seine Unzulänglichkeit. Einsamkeit und Vermischung mit den Menschen sind eins.

Die Antinomie von Sein und Haben: für ihn im Geistigen, wo es sich um Führerschaft, Auserwählung handelt, wie für Andreas im Menschlichen. Seine große Liebe zu einer der schönsten Frauen, die er besaß.

In Sacramozo fester und fester der Glaube, sein Scheindasein als Sacramozo hindere die letzte Entfaltung von Andreas zum kühnen Liebenden, von Maria, um die er das »Andere« wie eine Aura herumschweben sieht, zur seligen Geliebten.

Malteser: »knien? – wie einer kniet, um von einem göttergleichen verehrten Lehrer Belehrung zu empfangen, – diese Gebärde, ich werde gestorben sein, ohne sie auf meinem Lebensweg gefunden zu haben. Wird dieser Junge der sein, der zu knien vermag?« – er führt die Figur durch alle Situationen durch, die ihm den Weltinhalt erschöpfen, »und werde ich den Weg finden, er zu sein? – dies nicht, indem ich seine Unzulänglichkeit umgehe, sondern indem ich sie absorbiere.«

Über das Sterben: »aus dem Theater fort müssen, bevor der Vorhang einmal aufgegangen war.«

Die angestrebte Auflösung ist die Beruhigung über das eigene Sein, über Groß oder Klein, Beschränkt oder Mächtig, Aufgenommen oder Ausgeschlossen, – worin zugleich die Beruhigung über die eigene Lebenszeit und die Zeitepochen und das symbolisch-Sehen, auch die Beruhigung über das Dasein der Armen und Elenden.

Der Malteser groß in seinem allseitigen Unterliegen, ein Wesen, das um sein Schicksal ringt: er findet in Andreas' Vereinigung mit der verwandelten Maria alles in einem: Glaube, Liebe, Erfüllung.

Andreas, vor dem Bett, worin die Leiche Sacramozos ruht, muß ahnen, jener könne in einem höchsten Sinn recht gehabt haben.

Andreas. – Resultat des venezianischen Aufenthaltes: er fühlt mit Schaudern, daß er in die eingeschränkte Wiener Existenz gar nicht zurück kann, er ist ihr entwachsen. Aber der gewonnene Zustand beängstigt ihn mehr als er ihn erfreut, es scheint ihm ein Zustand, in welchem nichts bedingt, nichts erschwert, dadurch aber auch nichts vorhanden ist. Alles erinnert nur an Verhältnisse, es sind keine. Alles ist schon vorgekostet, nirgends ist etwas zu suchen, dadurch kann auch nichts gefunden werden. – Gedanke, ob sich diese Steinchen im Kaleidoskop neu ordnen können. Neidvolles Zurückdenken an die Ausfahrt des Großvaters donauabwärts, die ersten Stellen, Erfolg durch Gesundheit und Mut, Frömmigkeit, Treue, dabei eine gewisse gesunde Selbstsucht und Schlauheit. Andreas' Rückreise. – Er war, was er sein konnte und doch niemals, kaum jemals war. Er sieht den Himmel, kleine Wölkchen über einem Walde, er sieht die Schönheit, wird gerührt, – aber ohne das Gefühl des Selbst, auf welchem, wie auf einem Smaragd, die Welt ruhen muß; – mit Romana, sagt er sich, könnte es sein Himmel sein.

Biographie

1874   *1. Februar:* Hugo Laurenz August von Hofmannsthal (eigentlich Hofmann Edler von Hofmannsthal) wird in Wien als einziges Kind des Bankdirektors Dr. jur. Hugo von Hofmannsthal und seiner Frau Anna, geb. Fohleutner, geboren.

1884   Besuch des Akademischen Gymnasiums in Wien (bis 1892).

1890   Erste pseudonyme Veröffentlichungen erscheinen.
Hofmannsthal verkehrt im Café Griensteidl, wo er mit Arthur Schnitzler, Richard Beer-Hofmann und Felix Salten bekannt wird.

1891   *April:* Hofmannsthal besucht den in Wien weilenden Henrik Ibsen.
Dezember: Erste Begegnung mit Stefan George.
»Gestern« (Schauspiel).

1892   *Mai:* Zweites Treffen von George. Hofmannsthal wird Mitarbeiter seiner Zeitschrift »Blätter für die Kunst« (bis 1904) und veröffentlicht hier u. a. das dramatische Fragment »Der Tod des Tizian« und das Gedicht »Der Vorfrühling«.
August: Bekanntschaft mit Josephine von Wertheimstein.
September: Reise nach Südfrankreich.
Oktober: Hofmannsthal nimmt ein Jura-Studium an der Universität Wien auf (bis 1894).

1893   *Herbst:* Bekanntschaft mit Leopold von Andrian-Werburg.
»Der Tor und der Tod« (Drama).

1894   *13. Juli:* Erstes juristisches Staatsexamen.
1. Oktober: Freiwilligenjahr in einem Dragonerregiment (bis Ende September 1895).

1895   Die Gedichte »Terzinen« und »Der Jüngling der Landschaft« erscheinen in der Zeitschrift »Pan«.
»Das Märchen der 672. Nacht«.
Oktober: Beginn des Studiums der romanischen Philologie (bis 1897).

1896   Die Gedichte »Ballade des äußeren Lebens« und »Weltgeheimnis« erscheinen in den »Blättern für die Kunst«.
Mai: Waffenübung in Tlumacz in Ostgalizien.
August: In Aussee trifft Hofmannsthal auf Raoul Richter.

Oktober: Bekanntschaft mit Otto Brahm.

1897 Dissertation zum Thema »Über den Sprachgebrauch bei den Dichtern der Pléjade«.

»Der Jüngling und die Spinne« (Gedicht).

September: Beginn des Briefwechsels mit Eberhard von Bodenhausen.

1898 *15. Mai:* Erste Aufführung eines Stückes von Hofmannsthal: »Die Frau im Fenster« in Berlin.

23. Juni: Rigorosum.

Juli: Waffenübung in Czortkow in Ostgalizien.

September-Oktober: Aufenthalt in Venedig.

»Reitergeschichte« (Prosa).

1899 *März:* Aufenthalt in Berlin. Kontakte mit Gerhart Hauptmann, Harry Graf Kessler und Bodenhausen.

Verkehr mit Schnitzler und Beer-Hofmann.

»Das Bergwerk von Falun« (erschienen postum 1933).

»Theater in Versen (Frau im Fenster, Sobeide, Abenteurer)«.

1900 *Februar:* Aufenthalt in München bei Alfred Walter Heymel und Rudolf Alexander Schröder. Hofmannsthal wird Mitarbeiter der »Insel«.

Februar-Mai: Reise nach Paris, wo Hofmannsthal Maurice Maeterlinck und Auguste Rodin kennen lernt.

Arbeit an der Habilitationsschrift über Victor Hugo (gedruckt 1901).

»Der Kaiser und die Hexe«.

1901 *8. Juni:* Eheschließung mit der Bankierstochter Gerty Schlesinger.

Das Ehepaar zieht in das »Fuchsschlössel« in Rodaun bei Wien, wo Hofmannsthal bis zu seinem Tode wohnt.

Sommer- und Herbstaufenthalte in Altaussee im Salzkammergut.

Dezember: Hofmannsthal zieht sein Gesuch um die Venia legendi an der Universität Wien zurück und gibt die akademische Karriere zugunsten der schriftstellerischen Arbeit auf.

1902 *Februar-März:* Besuch von Rudolf Borchardt in Rodaun.

August: In der Zeitschrift »Der Tag« wird der »Brief des Philipp Lord Chandos an Francis Bacon« veröffentlicht, der Hofmannsthals Sprechskepsis zu Beginn des Jahrhunderts dokumentiert.

September-Oktober: Reise nach Rom und Venedig.

1903 *Februar:* Begegnung mit Stefan George in München.
Mai: Durch die Vermittlung von Hermann Bahr kommt es zur ersten Verbindung mit Max Reinhardt.
30. Oktober: Uraufführung der »Elektra« durch Max Reinhardt in Berlin.
»Gespräch über Gedichte« (Abhandlung).
»Ausgewählte Gedichte«.

1904 *September:* Reise nach Venedig.
November: Hofmannsthal nimmt an einem Instruktionskurs für nichtaktive Offiziere in Olmütz teil.

1905 *21. Januar:* Uraufführung von »Das gerettete Venedig« in Berlin an Otto Brahms Lessing-Theater.
April: Aufenthalt in Weimar, wo Hofmannsthal den Vortrag »Shakespeares Könige und große Herren« hält.
Mai: Gemeinsam mit Harry Graf Kessler reist Hofmannsthal nach Paris. Treffen mit André Gide.

1906 *Februar:* Begegnung mit Richard Strauss in Berlin und Beginn der lebenslangen Zusammenarbeit mit dem Komponisten.
März: Bruch mit George.
Oktober: Reise nach Dresden und Besuch bei Helene und Alfred von Nostiz.
Dezember: In München, Frankfurt am Main, Göttingen und Berlin hält Hofmannsthal den Vortrag »Der Dichter und diese Zeit«.
»Ödipus und die Sphinx« (Drama).

1907 *Februar:* Hofmannsthal übernimmt die Redaktion des Lyrik-Teils der Wochenschrift »Morgen«.
Oktober: Bekanntschaft mit Grete Wiesenthal.
November: Besuch von Rainer Maria Rilke in Rodaun.
»Die gesammelten Gedichte. Kleine Dramen« (2 Bände).
»Die Prosaischen Schriften« (2 Bände).

1908 *Februar-März:* Aufenthalt in Berlin zur Aufführung von »Der Tor und der Tod«.
April-Mai: Reise nach Griechenland. Treffen mit Harry Graf Kessler und Aristide Maillol.

1909 *25. Januar:* Uraufführung der Oper »Elektra« (Musik von Richard Strauss) in Dresden.

Hofmannsthal gibt zusammen mit Borchardt und Schröder das Jahrbuch »Hesperus« heraus.

1910 *11. Februar:* Uraufführung von »Cristinas Heimreise« in Berlin.

September: Uraufführung von König Ödipus in München durch Max Reinhardt.

1911 *26. Januar:* Uraufführung der Oper »Der Rosenkavalier« (Musik von Richard Strauss) im Königlichen Opernhaus in Dresden unter der Regie von Max Reinhardt und der musikalischen Leitung von Ernst von Schuch.

September: Reise nach Hamburg und Kopenhagen gemeinsam mit seinem Vater.

1. Dezember: Uraufführung des Mysterienspiels »Jedermann« im Berliner Zirkus Schumann in der Regie von Max Reinhardt.

1912 *Mai:* Besuch bei Rudolf Borchardt in Lucca. Anschließend Reise nach Paris.

25. Oktober: Uraufführung von »Ariadne auf Naxos« (Drama) in Stuttgart.

1913 *April:* Aufenthalt in Rom gemeinsam mit Richard Strauss, anschließend Besuch bei Borchardt in Lucca.

Als erster Druck der »Bremer Presse« erscheint Hofmannsthals »Die Wege und die Begegnungen«.

1914 *26. Juli:* Einberufung als Landsturmoffizier nach Pisino in Istrien. Hofmannsthal wird mit kulturpolitischen Aufgaben im Kriegsfürsorgeamt betraut.

September: Erste Kriegsaufsätze entstehen.

1915 *Mai-Juni:* Dienstreise nach Krakau.

Oktober: Reise nach Brüssel.

Zusammen mit Leopold von Andrian-Werburg, Felix Braun, Max Mell, Josef Redlich und anderen gibt Hofmannsthal die »Österreichische Bibliothek« (26 Bände bis 1917) heraus.

1916 *Januar-Februar:* Aufenthalt in Berlin.

Juli: Reise nach Warschau, wo Hofmannsthal den Vortrag »Österreich im Spiegel seiner Dichtung« hält.

November-Dezember: Reise durch Skandinavien. Hofmannsthal hält in Oslo und Stockholm Vorträge.

1917 *März:* Reise nach Zürich und Bern. In Bern hält Hofmannsthal den Vortrag »Die Idee Europa«.

Juni: Reise nach Prag.

Juli: Beginn des Briefwechsels mit Rudolf Pannwitz.

1919   *10. Oktober:* Uraufführung von »Die Frau ohne Schatten« (Musik von Richard Strauss) in Wien.

1920   *Mai-Juni:* Reise nach Italien und in die Schweiz.

Die von Hofmannsthal, Reinhardt und Strauss seit langem geplanten »Salzburger Festspiele« werden endlich ins Leben gerufen.

22. August: Eröffnung der Festspiele mit Hofmannsthals »Jedermann« auf dem Salzburger Domplatz.

10. Dezember: Beethoven-Rede in Zürich.

1921   *8. November:* Uraufführung der Komödie »Der Schwierige« in München.

1922   *Mai:* »Rede auf Grillparzer«.

12. August: Uraufführung von »Das Salzburger Große Welttheater« in der Kollegienkirche in Salzburg.

Herausgeber der Anthologie »Deutsches Lesebuch« (2 Bände, bis 1923).

1923   *16. März:* Uraufführung von »Der Unbestechliche« in Wien.

Hofmannsthal schreibt ein Filmbuch zum »Rosenkavalier«.

1924   *April-Mai:* Italienreise.

»Gesammelte Werke« (6 Bände).

1925   *Februar-März:* Über Paris reist Hofmannsthal nach Marokko.

Mai-Juni: Aufenthalt in London.

»Der Turm« (erste Fassung).

1926   *10. Januar:* Die Verfilmung des »Rosenkavalier« wird uraufgeführt.

21. März: »Das Theater des Neuen« (Vorspiel zu Bertolt Brechts »Baal«).

1927   *10. Januar:* Hofmannsthal hält in der Universität München die Rede »Das Schrifttum als geistiger Raum der Nation«.

Februar: Aufenthalt in Sizilien.

»Der Turm« (neue Fassung).

»Wert und Ehre deutscher Sprache« (Essay).

1928   *4. Februar:* Uraufführung der Neufassung des Trauerspiels »Der Turm« im Deutschen Schauspielhaus in Hamburg und im Prinzregententheater in München.

6. Juni: Uraufführung von »Die ägyptische Helena« in Dresden.

1929   *Februar-März:* Reise nach Basel, Heidelberg und München.

Mai: Reise nach Italien, Besuch bei Borchardt.

13. Juli: Hofmannsthals Sohn Franz begeht Selbstmord. Am Tag seiner Bestattung erleidet der Vater einen Schlaganfall.

15. Juli: Hugo von Hofmannsthal stirbt in Rodaun bei Wien.

Dekadente Erzählungen

Im kulturellen Verfall des Fin de siècle wendet sich die Dekadenz ab von der Natur und dem realen Leben, hin zu raffinierten ästhetischen Empfindungen zwischen ausschweifender Lebenslust und fatalem Überdruss. Gegen Moral und Bürgertum frönt sie mit überfeinen Sinnen einem subtilen Schönheitskult, der die Kunst nichts anderem als ihr selbst verpflichtet sieht.

Rainer Maria Rilke Die Aufzeichnungen des Malte Laurids Brigge **Joris-Karl Huysmans** Gegen den Strich **Hermann Bahr** Die gute Schule **Hugo von Hofmannsthal** Das Märchen der 672. Nacht **Rainer Maria Rilke** Die Weise von Liebe und Tod des Cornets Christoph Rilke

ISBN 978-3-8430-1881-4, 412 Seiten, 29,80 €

Erzählungen aus dem Sturm und Drang

Zwischen 1765 und 1785 geht ein Ruck durch die deutsche Literatur. Sehr junge Autoren lehnen sich auf gegen den belehrenden Charakter der - die damalige Geisteskultur beherrschenden - Aufklärung. Mit Fantasie und Gemütskraft stürmen und drängen sie gegen die Moralvorstellungen des Feudalsystems, setzen Gefühl vor Verstand und fordern die Selbstständigkeit des Originalgenies.

Jakob Michael Reinhold Lenz Zerbin oder Die neuere Philosophie **Johann Karl Wezel** Silvans Bibliothek oder die gelehrten Abenteuer **Karl Philipp Moritz** Andreas Hartknopf. Eine Allegorie **Friedrich Schiller** Der Geisterseher **Johann Wolfgang Goethe** Die Leiden des jungen Werther **Friedrich Maximilian Klinger** Fausts Leben, Taten und Höllenfahrt

ISBN 978-3-8430-1882-1, 476 Seiten, 29,80 €

Erzählungen aus dem Sturm und Drang II

Johann Karl Wezel Kakerlak oder die Geschichte eines Rosenkreuzers **Gottfried August Bürger** Münchhausen **Friedrich Schiller** Der Verbrecher aus verlorener Ehre **Karl Philipp Moritz** Andreas Hartknopfs Predigerjahre **Jakob Michael Reinhold Lenz** Der Waldbruder **Friedrich Maximilian Klinger** Geschichte eines Teutschen der neusten Zeit

ISBN 978-3-8430-1883-8, 436 Seiten, 29,80 €